ベトナム法整備支援体験記

ハノイで暮らした1年間

千葉地方裁判所判事
（前JICA長期専門家）
榊原信次

信山社
SHINZANSHA

はしがき

二〇〇四年五月二日から二〇〇五年五月一日までの一年間、JICAの長期専門家としてベトナム社会主義共和国司法省に派遣されるという経験をした。本書は、その間携わったベトナム法整備支援（フェーズ3）の仕事について解説するとともに、ベトナムで生活して感じたことなどをまとめたものである。日本で裁判官として仕事をしている者が、ベトナムという国でどのような活動をし、どのようなことを感じてきたのかを、読者の皆さんに知っていただけたら幸せである。

本書は、当初二〇〇六年六月末のプロジェクト（フェーズ3）終了を待って仕上げるつもりであったが、本文中にも書いたとおりフェーズ3が二〇〇七年三月末まで延長となったことから、フェーズ3の終了時評価の結果までをまとめることとした。私が帰国後も関わっていた国家司法学院関係のサブ・プロジェクトについて、二〇〇六年三月末で民事事件解決の技能に関するテキストブックの作成の活動が一段落したことと、二〇〇七年三月末のプロジェクト終了を待っていたのでは私がハノイでの経験を記しても相当に時機を失したものとなってしまうこととなるおそれがあったからである。既に帰国してから一年間が経過しているから、本文中に登場する方々の肩書きはいずれも当時のものであることをあらかじめお断りしておく。

本書は、ベトナムにおける法整備支援に関心のある方、国際協力のため長期専門家などを志す方、裁判官の仕事に関心のある司法修習生、法科大学院生、法学部生などを主たる読者と想定して書いたものであるが、第3章については、ベトナムという国やそこに住む人々に関心のある方であれば、法律にあまり関心のない方でもそれなりに興味を持って読んでいただけるのではないかと考えている。

一年間生活をしてきたベトナムという国は本当に魅力的な素晴らしい国である。現在日本の多くの企業などがベトナムに投資を行い、両国の間の交流がますます盛んになってきていることは非常にうれしいことであるし、私が長期専門家として関わった法整備支援活動が、今後の両国の関係の発展の一助となれば大変幸せである。ぜひ読者の皆さんにも笑顔があふれる国であるベトナムの魅力を知っていただきたい。

裁判官として法整備支援活動をするに当たっては、最高裁判所で法整備支援活動を担当している事務総局秘書課の皆さん、法務省法務総合研究所国際協力部の皆さんには大変お世話になった。この場を借りてお礼を申し上げたい。また、本書を書くきっかけとなった神戸大学の香川孝三教授には大変感謝している。

予期せぬハノイ派遣の結果、日本とベトナムとを何度も往復することになり多大な負担をかけたにもかかわらず、暖かく見守ってくれた妻明美に本書を捧げる。

二〇〇六年七月

千葉地方裁判所判事（前ＪＩＣＡ長期専門家）
榊原信次

目次

序章　はじめに

思えば、一九七九年に入学した早稲田大学政治経済学部の政治学の授業で、今は亡き鴨武彦教授の「相互依存の国際関係」について講義を受けたことが、私が国際的な仕事をしてみたいと思ったきっかけであったように感じる。それまで高校時代から漠然とアジアの国に対する関心はあるにはあったが、訪れたことがある外国があるわけでもなく、仕事として国際的な仕事に具体的なイメージを持っていたわけではなかったからである。もっともこのような希望もそれ以前からあった裁判官や弁護士といった法曹の仕事に就きたいという希望に打ち消され、その後はもっぱら司法試験に合格するための勉強をするばかりの日々を過ごすことになっていっていた。

一九八六年に司法試験に合格し、翌年に司法修習生（第四一期）になって、初めて裁判官、検察官といった仕事に就いている方々と話を交わすうち、特定の個人や法人のためではなくもっと多くの人々のために自分の能力を生かすことができる職業に就きたいと思ったことや、裁判所の自由な雰囲気や裁判教官の人間性に魅せられたことから裁判官の道に進むこととしたが、確かにそのころから裁判官の仕事の中にも国際的なものがあるのだという話を聞いてはいたものの、特段どうしてもこの仕事がしてみたい、あるいはこの仕事ができないのなら裁判官をしていても意味がないというような具体的な仕事として国際的な仕事を意識していたわけではなかった。

そうして一九八九年に名古屋地方裁判所判事補に任官し、その後札幌地家裁室蘭支部、名古屋地家裁豊橋支部、名古屋地方裁判所、一九九九年に同裁判所で判事に任官してからは名古屋高等裁判所金沢支部、名古屋高等裁判所ともっぱら民事事件を担当する裁判官として一五年間の経験をしていたわけである。

そういう私が、法整備支援という仕事をしてみたいという強い希望を持つに至ったのは、二〇〇〇年の二月に参加した第四回国際民商事法研修がそのきっかけである。国際民商事法研修については、第4章で触れるが、ベトナム、カンボジア、ラオス、ミャンマー、モンゴル、中国など複数の開発途上国から法律の専門家が研修生として来日し、日本からの参加者（裁判官、検察官、法務省職員、日本企業関係者）と一緒に約四週間にわたって特定のテーマについて比較法的な検討を行うという研修であった（現在はインドシナ半島四か国に対象を絞った形で行われている。）。そこで日本の法曹から吸収できるものであれば何でも吸収したいという熱意のある開発途上国の研修員と寝食を共にするにつれ、自分が経験してきたことを少しでも彼らの役に立てることができたらと思うようになったのである。それでも、そのころ裁判官が法整備支援に具体的に関わる仕事というと、第4章で触れるように、短期専門家としての仕事しかなかったから、国際民商事法研修に参加している研修生が当時勤務していた金沢市を訪れる際に、そこで開かれるシンポジウムや懇親会に参加するくらいしか考えることはできなかった。

ところが、二〇〇〇年一〇月になって裁判官がベトナムに六か月間派遣されることになったという新聞記事を目にしたのである。それを目にしてからは、そのような制度ができたのであれば、どこの国でもいいから開発途上国に出かけて法整備支援の仕事をしたいという希望を当時所属していた名古屋高裁の長官に伝えていたわけであるが、その甲斐あってか、二〇〇四年五月二日から二〇〇五年五月一日までの一年間、ベトナム法整備支援（フェーズ3）を担当するＪＩＣＡ（独立行政法人国際協力機構、二〇〇三年一〇月一日に独立行政法人化する前は国際協力事業団）の長期専門家としてベトナム社会主義共和国司法省に派遣されることになったのである。

二〇〇四年五月二日、ハノイ郊外のノイバイ空港に着陸する飛行機からベトナムの地に降り立ったとき、それから始まる一年間の希望に満ちた仕事と生活に心がときめいたものである。

この本の第1章は私が関わったプロジェクトについての概要、第2章は派遣されていた一年間に行った業務の具体的な内容と感想、第3章はベトナムでの生活、第4章は裁判官と法整備支援との関わりについて、それぞれ思いつくままに書いたものである。それなりに経験のある民事裁判官が、開発途上国での仕事として何を行い、そこでの生活をどのように過ごしてきたのかを書き記しておくことは、裁判官に限らず今後法整備支援を志す人の参考になると思われるし、裁判官や弁護士などの法曹を目指す人達に法曹の仕事の中にこういう仕事もあるのだということを知ってもらう一助にもなるのではないかと思っている。さらには、第3章はベトナムという国に関心のある一般の人達に、現地で仕事をしたり観光などの目的で訪れたりする際の情報の一つにもなりうるのではないかと思っている。

第1章　プロジェクトの概要

第1節　歴　史

一九八六年にドイモイ（刷新）政策を採用したベトナムは、中央計画経済から市場経済への移行を目指し、市場経済化を支援する新たな法的枠組みを必要としていた。ベトナム司法省は、一九九二年から民法典の起草を本格化させており、我が国は、一九九三年から外務省の文化交流プロジェクトを通じ、当時名古屋大学教授であった森島昭夫教授を派遣するなどして同起草の助言を行っていた。そして一九九四年には法務省を実施機関として司法省の幹部職員などを対象に「日本の民事法」を主題とする約一週間の本邦研修を実施し、翌一九九五年一〇月に民法が制定されるに至った。

しかし、民法制定後も、商法や民事訴訟法等の法律や民法の付属法令を整備する必要があったことから、我が国はＪＩＣＡ（当時は「国際協力事業団」）によって組織され森島教授を団長とする実施協議調査団を一九九六年三月七日にベトナムに派遣し、法律分野における協力の詳細についての協議を行った結果、同月一一日にR／D（Records of Discussion 協議記録）案について調査団と司法省との間で合意が成立した。

その後、R／D案について司法省が署名のための国内手続を完了し、同年一〇月二八日、R／Dについて正式に署名・交換が行われて開始されたのが、ベトナムに対する法整備支援のフェーズ1（当時の名称は「ヴィエトナム重要政策中枢支援（法整備支援）」）である。

司法省

1　フェーズ1

フェーズ1は、ベトナムの法制度を改善・強化し、同国の新経済への円滑な移行に資するよう同国政府を支援することを上位目標（Overall Goal）としており、法案作成及び法執行手続に関わるベトナムのカウンターパート職員に専門家としての経験の場を与えることによって、ベトナムの法制度を改善・強化するとともに、ベトナム政府機関によって行われるベトナムでの研修の支援及び日本での研修へのベトナムカウンターパート職員の招聘を通じて、ベトナムの裁判官、検察官、弁護士その他の法律専門家の知識と能力を向上させることをプロジェクトの目的（Program Objectives）としている。実施期間は一九九六年一二月一日から一九九九年一一月三〇日までの三年間とされた。

フェーズ1のプロジェクトは、個別立法作業への助言が中心であった。プロジェクトで扱った法令は、民事関連では財産登記法、供託法、民事訴訟法、民事執行法、破産法、民事責任法、海事法、経済関連では商法（手形小切手法を含む。）、会社法、独占禁止法、不正競争防止法、知的所有権法、ASEAN諸国の投資法、証券取引法、刑事関連では刑事訴訟法、経済犯罪法、更生保護法など極めて多数に上っている。

日本側からの支援は専門家チームによって行うこととされ、連絡調整を行う長期専門家として武藤司郎弁護士がベトナムに派遣されたほか、短期専門家が複数派遣され、終了時評価までの間に、現地で一六回ものセミナー、ワークショップ（一回平均三日間）が開催された。また、ベトナムから専門家を招聘して年二回の本邦研修（各約四週間）が行われ、パソコン一九台などの資機材供与も行われた。

フェーズ1についての終了時評価は、一九九九年八月二日から同月七日にかけて、当時上智大学におられた森島教授を団長として行われたが、同調査は、フェーズ2についての事前調査の性格も持っていた。同調査によれば、フェーズ1は「成功裏に終了したということができる。ただし、調整機能の改善を図るとともに、カウンターパート以外への波及効果の向上、さらにセミナー・ワークショップでの通訳、討議時間に関する問題や日本での研修参加者の人選の問題を解決する必要がある。」と評価されており、「プロジェクトを継続して実施すべきである。」との提言がなされ、同年一一月にフェーズ2のR／Dを署名・交換することが合意されている。

フェーズ2のR／Dは、一九九九年一一月にハノイで日越民事商事法セミナーが開催された際の同月一八日に正式に署名・交換がなされたが、その際R／Dの署名・交換と併せて、司法省のほか、最高人民裁判所（Supreme People's Court　SPC）、最高人民検察院（Supreme People's Procuracy　SPP）との間で、フェーズ2の活動計画に関するメモランダムが署名・交換されている。

2　フェーズ2

フェーズ2は、フェーズ1同様、ベトナムの法制度を改善・強化し、同国の新経済への円滑な移行に資するよう同国政府を支援することを上位目標（Overall Goal）としており、法案作成及び法執行手続に関わるベトナムのカウンターパート職員に専門家としての経験の場を与えることによって、ベトナムの法制度を改善・強化するとともに、ベトナム政府機関によって行われるベトナムでの研修の支援及び日本での研修へのベトナムカウンターパート職員の招聘を通じて、ベトナムの裁判官、検察官、弁護士その他の法律専門家の知識と能力を向上させることをプロジェクトの目的（Program Objectives）としている。実施期間は一九九九年一二月一日から二〇〇二年一一月三〇日までの三年間とされた（後に二〇〇三年三月三一日まで延長された。）。

R／Dとその付属文書によれば、フェーズ2は①個別立法作業への助言、②法体系の整備への助言、③法曹の人材育成のシステム作りの三本柱から成っている。個別立法作業への助言は、ベトナム側が進める立法作業に沿って、民法改正、判決執行法起草、企業破産法改正など日越双方が合意した法律の起草作業等に助言するものである。法体系の整備への助言は、民法及びその付属法令の執行状況やベトナムの法体系全般の仕組みに関して、ベトナムの現行法令の体系と法執行の問題との整合性の調査を行うものである。人材育成は、法曹などの法律専門家の育成に関するものである。

日本側からの支援はフェーズ1同様専門家チームによって行うこととされており、二〇〇〇年二月から業務調整のための河津慎介専門家が、同年四月からは武藤弁護士の後任に当たる瓜生健太郎弁護士と沖原史康検事がそれぞれ長期専門家として派遣され、支援の中心となる現地でのセミナー、ワークショップや本邦研修の連絡調整に当たるとともに個別立法作業や法体系整備活動の支援が行われている。また、複数の短期専門家（法学研究者、裁判官）が特定の法律分野に関わる事柄について派遣されている。裁判所からは、二〇〇〇年一〇月から人材育成を担当する短期専門家ということで竹内努判事補がハノイに派遣された。

フェーズ2については、二〇〇一年二月二五日から三月九日にかけて、二〇〇〇年度のフェーズ2計画打ち合わせ等調査が行われている。そこではフェーズ2の計画内容についての打合せが行われているが、最大の課題は長期専門家の四名への増員であったようである。

この打合せの結果、次のような計画内容が確認されている。個別立法作業への助言としては、商事仲裁、競売法、国際司法共助、司法鑑定、弁護士法、倒産法、民事訴訟法など多くの法令起草に関して短期セミナーを開催するほか、本邦研修を行うというものである。法体系の整備への助言としては二つの計画があり、一つめは、一九九五年民法の実施状況について現状調査を行うとともに条文上の問題点を指摘して今後の改正の方向性に関する民法改正共同研究を行うというものである。二つめは、民法改正共同研究と関係が深い既存の法令をリストアップし、それと日本・欧米諸国・周辺諸国の例を比較し、ベトナムの現行法令の整備状況が概観できるよう、また、共有、契約など民事分野の主な規定をリストアップし、それが現行のベトナム法令のどれに規定されているか概観できるよう、現行法令の鳥瞰図を作成するというものである。これらについては短期セミナーが計画された。法曹の人材養成としては、当時はまだ裁判官と弁護士とを養成する法曹養成学校（Legal Professional Training School　ＬＰＴＳ）と検察官を養成する検察大学校（Prosecution College）とが分かれていたから、法曹養成学校と検察大学校とそれぞれの教育システム（カリキュラム開発、テキスト教材開発、教官養成）に対する助言が計画された。これに関しては、本邦研修と短期専門家による短期セミナーが計画されている。また、フェーズ2では、これらの他、カウンターパートにはなっていないハノイ国家大学において長期専門家がボランティアとして日本法に関する講義を行っている。

短期専門家として派遣されていた竹内判事補の法曹養成学校での支援活動がベトナム側に高く評価されたこともあり、長期専門家の増員に関しては二〇〇一年度から四名体制にすることで合意されたが、それに当たって四名の長期専門家の役割を明確にするため長期専門家の権限について書面（Terms of Reference　ＴＯＲ）が作成された。それによれば、四名の長期専門家は、ワークショップ、本邦研修などの連絡調整業務を共同で行うほか、ベトナムの現行法制度の一般的評価、民法改正共同研究、裁判官・弁護士の人材養成、刑事司法制度をそれぞれ分担することとなった。裁判官の長期専門家が担当したのは、もちろん裁判官・弁護士の人材養成に関する分野である。

二〇〇二年一月に派遣された二〇〇一年度の計画打合せ調査団による調査の際、フェーズ2プロジェクトの主要な協力内容である民法改正の作業について、改正民法は二〇〇三年四月以降に国会への上程が予定されていることから、フェーズ2の当初予定されていた二〇〇二年一一月以降も継続した支援が必要であるとの認識が、日本とベトナム双方で一致した。そこで、フェーズ2についての終了時評価が、二〇〇二年一〇月九日から同月二六日にかけて、当時JICAアジア第一部インドシナ課課長であった梅崎路子氏を団長として行われた。

同調査は、評価用に新たに作成されたプロジェクト・デザイン・マトリクス（PDM）を用いてプロジェクトを評価している。これはフェーズ2開始時点で作成されたPDMに規定されたプロジェクト目標や成果があまりにも漠然としすぎており、それを用いてプロジェクトの達成度を測ることが極めて困難であったためである。評価用に作成されたPDMによれば、フェーズ2は立法支援、法体系のあり方の提示（鳥瞰図作成）、民法改正支援、法曹養成の四つの成果について評価することとされており、同調査によれば、フェーズ2は「総じて成功裏に実施された」と評価されている。また、同調査は、「ただし、鳥瞰図の作成、実態調査を改正民法草案へ反映することについては今後数か月間の作業が必要となるので、二〇〇三年三月三一日までのプロジェクトの協力期間の延長が必要である。」としており、「フェーズ3の実施など日本からの支援を継続することが妥当である。」とし、その支援の内容として「民法改正」や「法曹人材の育成」などに焦点を当てて実施することを検討すべきであると結論づけている。さらに、同調査は、①当初計画の重要性、②関係機関、関係者間の意思疎通、③長期専門家のより有効

最高人民裁判所前にて

な活用、④フェーズ3プロジェクトの協力形態、⑤立法支援の目的の明確化と投入の区別について提言を行っている。

この終了時評価の結論に基づいて開始されることになったのがフェーズ3である。フェーズ3については、二〇〇三年一月、四月に第一次、第二次の各事前評価調査団が派遣された後、同年六月二三日ないし二七日にかけて菊地文夫JICAベトナム事務所長を団長とするフェーズ3実施協議調査団による現地調査等が行われた。フェーズ3のR／Dは、二〇〇三年六月二七日、それまでの司法省、最高人民裁判所、最高人民検察院に加えてハノイ国家大学をカウンターパートとして、正式に署名・交換がされている。

なお、フェーズ2の終了時評価によれば、法曹養成の分野では裁判官マニュアルが完成したことや弁護士実務マニュアル、裁判官訓練コース試験問題集が完成予定であることなどがその成果としてあげられている。しかし、これらについては一応完成してはいるものの、和訳はもちろん英訳もされていない（裁判官マニュアルは粗訳はされたがフェーズ3に至っても校正は完了せず、未完成のままであった。）からいかなる具体的内容のものが完成されたのかは明らかでなく、成果の評価が適当になされているとはいいがたいように思われないでもない。また、終了時評価で完成予定とされた鳥瞰図についてはいかなるものが完成されたのか把握されておらず、単に機材の供与だけで終わったのかもしれない。

3 フェーズ3

個別立法作業への助言、法体系の整備への助言、法曹の人材育成のシステム作りという三本柱でプロジェクトの枠組みを策定し、これらを包含する形でプロジェクト目標を決めたため、前記のようにプロジェクトの上位目標が曖昧な表現となってしまい、それぞれの成果と目標とのつながりも不明確なものになってしまったというフェーズ2の評価から導き出された前記提言④に基づき、フェーズ3は、民法改正その他関係法令の立法支援に関するサブ・プロジェクトAと法曹人材養成に関するサブ・プロジェクトBとから成っている。これにより個々のサブ・プロジェクトの目標や成果、活動内容は相当に明確になってきたということはできよう。ただ、フェーズ3のR／Dの署名・交換に当たっては、第一次、第二次事前評価調査により準備されベトナム側にも参考資料として配付されていたプロジェクト・ドキュメント案について日本とベトナムとの間で合意することができなかった。それにもかかわらずそのままフェーズ3プロジェクトは開始されてしまっており、後に述べるように、プロジェクトの内容についてプロジェクト開始後もなかなか日本側とベトナム側との認識が一致しないということがあったから、「フェーズ3プロジェクトでは、プロジェクト開始前に、日本・ベトナム間の共通認識の確保や協力形態、プロジェクト目標、協力内容の確定等をフェーズ2プロジェクト以上に厳密に行う必要があることから、基礎調査や事前調査等に十分な時間を取り、フェーズ2プロジェクトの反省点の解決を行う必要がある。そのため、フェーズ2プロジェクトは必ずしもこれと連続してフェーズ3プロジェクトを行う必要性はなく、プロジェクトのスキームが十分に固まってから開始すべきである」としたフェーズ2の提言が完全に生かされたとはいいがたく、前記提言①は不十分にしか生かされていないといわざるを得ないであろう。ベトナムに対する次期プロジェクトや他の開発途上国に対する法整備支援プロジェクトを行うに当たっては、フェーズ3の場合以上にさらに厳密にプロジェクトの目標や協力内容等について合意をしてからプロジェクトを開始することが重要であると思う。フェーズ3の実施期間は二〇〇三年七月一日から二〇〇六年六月三〇日までの三年間であったが、二〇〇六年四月五日から一九日にかけてJICA社会開発部第一グループ長木下俊夫氏を団長として行われた終了時評価の結果、四月一六日にミニッツ（Minutes of Meeting）が署名交換され、二〇〇七年三月三一日まで九か月間の延長が決定された。フェーズ3を構成するサブ・プロジェクトAとサブ・プロジェクトBの内容については、節を改めて説明することとする。

第2節　フェーズ3の内容

1　サブ・プロジェクトA

サブ・プロジェクトAは、民法を中心とした民商事分野の立法支援である。市場経済化に適合した法制度の基盤が構築されることを上位目標（Overall Goal）としており、立法関連部局職員の能力が強化され、市場経済化と整合性のある民商事関連の基本法が制定されることをプロジェクトの目標（Project Purpose）としている。R／Dには、①改正民法の最終法案の起草、②民事訴訟法及び倒産法の最終草案の起草、③知的財産関連法規に関する基礎知識の習得及び改正民法と整合した草案の起草、④民法に関連する法案（不動産登記法、担保取引法令、国家賠償法、判決執行法）準備の促進の四つが目標とする成果として掲げられている。この成果を実現するための活動として、①については日本とベトナムの双方における作業部会の発足、書面による草案へのコメント、短期専門家による草案に対する助言・相談、長期専門家による相談、本邦研修一回が、②については、日本とベトナムの双方における作業部会の発足、書面による草案へのコメント、短期専門家による草案についてのワークショップ、長期専門家による相談が、③については、日本とベトナムの双方における作業部会の発足、書面による草案へのコメント、短期専門家による草案についてのワークショップ、長期専門家による相談が、④については改正民法・民事訴訟法との整合性を確保するべく上記の四法案の草案について書面コメントを行うこと、短期専門家による上記草案についてのワークショップ、長期専門家による相談、（必要があれば）経済統合に関する法的枠組みについての書面コメントや長期専門家による相談がそれぞれ予定されていた。

この支援の結果、二〇〇四年五月二七日に民事訴訟法、同年六月一五日に企業破産法がそれぞれ成立し、二〇〇五年五月一九日に改正民法が成立している。サブ・プロジェクトAについての支援は、法案の起草担当者などが来日し法学研究者によって組織されている日本側作業部会と意見交換などを行う本邦研修や、法学研究者の方が現地に来られてベトナム側作業部会と行うワークショップが中心である。

フェーズ3の途中からはJICAネットというテレビ会議システムを利用してワークショップを行うことがしばしばあったが、極めて忙しい法学研究者の方々にハノイまで出かけていただくのに比べると、日程調整が容易で、コメントが必要なときにタイムリーにコメントしていただけるので、非常に有益であった。おそらくは予算的にも相当節約することができたであろうから、今後立法支援を行う場合にはこの方法が中心となってこよう。

長期専門家として派遣されているのは裁判官、検事、弁護士という実務家であるから、この立法支援の分野ではどうしても長期専門家としての活動は日本におられる法学研究者による支援のための連絡調整が中心であり、R／D上も助言（Advice）ではなく相談（Consultation）にその権限が限られている。実際、実務家として日本で法律がどのように運用されているかを紹介することはできるが、それを超えて立法についての助言を行うことまでは、なかなか難しいことであろう。

2　サブ・プロジェクトB

サブ・プロジェクトBは、法曹人材育成支援である。法曹の能力強化を通じて法執行体制が強化されることを上位目標（Overall Goal）としており、質の高い法曹を育成できる体制が整備されることをプロジェクトの目標（Project Purpose）としている。R／Dによれば、①統一的な新規法曹養成機関の設立を視野に入れ、その機関を構成することになる既存の研修機関のトレーニングプログラムや教材が改善されること（サブ・プロジェクトB－1）、②判決様式が標準化され、すべての法曹にとってアクセス可能な判例情報が整備されること（サブ・プロジェクトB－2）、③ハノイ国家大学法学部における学生が日本法についての理解を深め、日本を専門とする講師が訓練されること（サブ・プロジェクトB－3）の三つが目標とする成果として掲げられている。この成果を実現するための活動として、①については、日本とベトナムの双方における作業部会（ワーキンググループ）の発足、日本その他各国の法曹養成制度について長期専門家による情報提供、法曹養成機関の組織・運営について長期専門家による助言、カリキュラム、テキストブック等の準備について長期専門家による助言、カリキュラム、テキストブック等についての短期専門家による現地セミナー、カリキュラム、テキストブック等について年一回の本邦研修が予定されていた。また、②については、日本とベトナムの双方における作業部会（ワーキンググループ）の発足、判決書書式と判決書マニュアルの準備について長期専門家による助言、判例の集積と普及について長期専門家による助言、判決書書式、判決書マニュアル、判例の集積と普及についての短期専門家による年一回の現地セミナー、本邦研修一回が予定されていた。そして③については、カリキュラム準備を含めた詳細活動計画の準備、日本人の専門家による日本語又は英語による日本法の講義、日本法のテキストブック等についての支援、日本法講座の講師の養成が予定されていた。

このように合意された活動内容から見て取れるように、サブ・プロジェクトBにおいては、長期専門家の果たすべき役割が、サブ・プロジェクトAに比較して格段に重要なものとなっているということができる。これは、フェーズ2の終了時評価の提言③において、フェーズ2が四名の長期専門家を配置しながら、「プロジェクト開始当初、個々の専門家のタームズ・オブ・レファレンス（TOR）が明確でなかったがために、ベトナム側及び日本側関係機関との折衝や他ドナーの動向調査というコーディネーションが実質的な主業務となっている」として、「プロジェクトにおける長期専門家の位置づけを明確にし、それぞれに求められる役割に沿って専門家を配置する必要がある。また、長期専門家は法分野の十分な知識・経験を有していることから、活動内容に照らし合わせて長期専門家による現地セミナー開催数を増やすことや、本プロジェクトの技術移転に対するTORを拡大するなど、長期専門家のより有効な活用方法を検討する必要がある」と提言されたことを受けた結果であろう。確かに、支援の中心が日本国内の専門家であって、ベトナム側と日本側とのコーディネーション（連絡調整）業務が長期専門家のするべき業務であるなら、裁判官や検察官といった法曹が三人も長期専門家として派遣されるまでの必要があるかどうかは、同終了時評価のインタビュー調査で「現状のコーディネーターとしての役割では四名は過剰。二名程度でも対応は可能ではないか。」という意見が述べられているとおりであろう。残念なことにフェーズ3では明確な長期専門家のTORが作成されておらず、長期専門家と日本国内のワーキンググループとの間の権限分担がはっきりしていなかった面があったように感じられたので、今後さらに法整備支援プロジェクトを進めるに当たっては、現地の長期専門家を活用する方法をとるのか、日本国内の専門家を活用する方法をとるのかを明確にして、より効率的な支援が進められるようにしていくべきであろう。個人的には、フェーズ2において長期専門家が四名に増員されたのも、当時最高裁から短期専門家として派遣されて法曹の人材育成を担当していた竹内判事補が法曹養成学校で行ったワーキングセッションによる支援活動が高く評価されたことによるのであり、ワーキングセッションによる支援の方がより適切な時期にコメントを行うことなどが可能であるから、やはり長期専門家を活用する方法の方が望ましいのではないかと思っているが、どのような支援が適切かは、プロジェクトを開始する際にプロジェクトを行うＪＩＣＡが明確にする必要があろう。

また、サブ・プロジェクトＢについては、事前評価の段階でその内容が詳細まで合意されておらず、プロジェクト開始後の協議に委ねられた部分が多い。フェーズ3開始当時国家司法学院（National Judicial Academy　ＪＡ）がいつ設立されるかは不明であり、司法省が管轄する法曹養成学校（ＬＰＴＳ）をカウンターパートとして始めざるを得なかったというような面はあるにしても、その後のプロジェクトの進行からは、国会の立法スケジュールに左右される立法支援の場合とは異なり、法曹人材育成の場合にはより具体的な部分まで予め合意しておくことが必要ではないかと思っている。

フェーズ3では、プロジェクト開始後約一年が経過した二〇〇四年六月二三日から七月二日にかけて運営指導調査が行われているが、特にサブ・プロジェクトＢについては、プロジェクトの詳細を定める目的もあり重要な意味を持っていた。運営指導調査では、サブ・プロジェクトＢについて、日本側とベトナム側との間で以下のような合意がなされている。

サブ・プロジェクトＢ－１（法曹養成機関機能強化サブ・プロジェクト）では、後述のように既に共通カリキュラムが二〇〇七年以降にＪＡに導入されることがほぼ決まっていたため、共通カリキュラム及び教材の完成についてスケジュールを確認するとともに、共通カリキュラムを支える土台として作成すべきテキストブックについて、民事実体法、民事手続法、刑事実体法、刑事手続法を中心に約五〇〇頁のテキストブック四冊について支援をすることになったが、法曹三者各々の職業の技能的側面に関するテキストブックについて支援を行うかどうかはさらに協議をすることになった。また、テキストブック作成の支援については、主としてベトナム側から特定された部分について、長期専門家を中心に書面又は口頭でコメントすることが確認された。さらに、最高人民検察院から要請があった刑事訴訟法に関する検察官マニュアルについても、引き続き協議することとなった。

サブ・プロジェクトB－2（判決書標準化・判例公開支援サブ・プロジェクト）については、プロジェクトの進行が遅れていたことから、プロジェクト二年目の目標を判決書の標準化、判決書作成マニュアルの完成に絞ることと、毎月長期専門家がSPCの担当者と会合を持つことや二か月に一回ワーキングセッションを行うことなどスケジュールが確認された。また三年目の協力として予定されていた判例のデータベース化について、その対象がSPCの裁判官評議会の判決であることと、まず判例の収集方法などについての検討が必要であることが確認された。

サブ・プロジェクトB－3（ハノイ国家大学に対する支援）については、いかなる支援を行うかについて事前評価の際に明確に定まっていなかったため、プロジェクト一年目は日本側とベトナム側とでプロジェクトの内容についてまったく合意することができないままであったが、二年目に入って長期専門家が交替したころから事態が好転し、フェーズ3ではハノイ国家大学の一期生と二期生の一年目までを支援すること、一年目（プロジェクト二年目）はハノイ国家大学日本語学科の教授が日本法の法律用語を、長期専門家が日本の法制度概要について基礎的な講義をそれぞれ行うこと、二年目（プロジェクト三年目）は短期専門家（日本の大学教授）が集中講義を行うこと、フェーズ3終了後のために日本の大学とハノイ国家大学との大学間協定締結などの協力関係を構築することなどが確認された。

3　以上のフェーズ3プロジェクトのうち、裁判官から派遣されている長期専門家である私が担当したのは、サブ・プロジェクトB－1（法曹養成機関機能強化サブ・プロジェクト）とサブ・プロジェクトB－2（判決書標準化・判例公開支援サブ・プロジェクト）の二つである。これらについていかなる活動が行われてきているかについては、節を改め第4節と第5節において詳しく説明することとするが、その前にベトナムにおける法整備支援において行われている支援の方法について、次節において簡単に説明しておきたい。

第3節　支援の方法について

既に前節において触れてはいるが、ここで、これまでベトナムにおける法整備支援で行われてきた支援の方法にどのようなものがあり、それぞれどのような特徴があるかをフェーズ1からフェーズ3までのR／D、各種調査団派遣時に日本側とベトナム側との間で署名・交換されたミニッツ（Minutes of Meeting）、長期専門家のTORなどからまとめておくこととする。

1　本邦研修

支援対象国であるベトナムから一〇名前後の研修員を我が国に招聘し、法務省法務総合研究所（法総研）が主体となって国別特設研修という形式で実施している。研修員が二週間ないし五週間という比較的長期間にわたって研修に専念することができるため、研修の目的や内容が適切に設定され、それに合致した研修員が選定されると効果が非常に大きい。

反面、一回の研修に参加できる人数が限られるため、研修に参加した者の習得した知識・情報が、研修に参加していない者に十分伝わらない可能性がある。また、研修員の人選が適切に行われていない可能性がフェーズ2の終了時評価では指摘されていた。

フェーズ3の本邦研修では、サブ・プロジェクトAではその対象者を立法担当者に限り、サブ・プロジェクトBではベトナム側ワーキンググループメンバーに限るなど人選に配慮し、また、後述するように目的を限定するなどしてできるだけ効果が高くなるように努めた。さらに、法曹養成機関機能強化サブ・プロジェクトでは、長期専門家である私も本邦研修に同行して研修員と日本側ワーキンググループとの議論等にオブザーバーとして参加し、本邦研修とその後のワーキングセッションとの連続性が保てるようにしてみた。この結果、どのような議論が研修員と日本側ワーキンググループとの間で交わされたかを報告書からではなく直接知ることができ、その後のワーキングセッションでそこでなされた議論を話題にすることができ効果的であった。また、同じ施設で寝食を共にしたこともあって、研修員と長期専門家との人間関係が格段に深くなったことも、その後のプロジェクトの遂行のために有意義であった。

2　短期専門家による助言（Advice）

我が国から法学研究者や実務家（裁判官、弁護士）といった専門家が一週間程度の期間ＪＩＣＡの短期専門家としてベトナムに赴き、数十名の研修員を集めてセミナー等を開催する現地セミナーの形式で行うことがほとんどであったが、フェーズ3からは、先述したようにＪＩＣＡネットとよばれるテレビ会議システムを利用することにより、専門家が日本にいながら、セミナーを開くことが可能になった。短期専門家によるセミナーは、セミナーの場で通訳を用いることにより、問題となっている事柄について直ちに助言を与えることが可能であり、書面コメントを行う場合に必要な翻訳に要する時間を省くことができる利点がある。また、地方からの参加者を集めることも可能で、普段開かれる長期専門家のワーキングセッションには参加することができない者にも研修の機会を与えることができる。

反面、短期専門家になられる方々は忙しい方ばかりであり、日本側とベトナム側との日程調整が、特に現地セミナーの形式による場合、非常に困難な面がある。また、日程調整等のために相当早期に予定を立てる必要があり、タイミング良く問題となっているテーマを設定できるかどうかについても困難な面がある。セミナーの直前になってテーマがベトナム側から示されることもあり苦労した。

3　書面コメント

国内に設置された作業部会（ワーキンググループ）から、立法支援の場合における法令草案や、人材養成の場合におけるカリキュラム原稿、テキストブック原稿などに対して、書面によるコメントをいただき、それをベトナム語に翻訳して渡す形式で行われる。特に立法支援の場合には支援の中心的方法といえ、長期専門家は、国内作業部会がコメントするのに必要な周辺法令、文献、運用の実情などの調査を行って情報提供をする。ベトナム側も書面によるコメントはかなり重視しており、非常に効果がある。

反面、ベトナム語から日本語、日本語からベトナム語の翻訳に相当な時間を要することから、フェーズ3における改正民法の立法支援の場合など、ある草案について翻訳とそれに対する書面コメントの翻訳をしている間に、次のバージョンの草案ができてきてしまうということがあり、コメントが時機を失してしまうおそれがないとはいえない。

4　長期専門家による助言（Advice）

前述したように、長期専門家のより有効な活用のため、フェーズ3では長期専門家が行うワーキングセッションがかなり重視されることになった。一五名ないし二〇名のベトナム側ワーキンググループメンバーを相手に長期専門家が講義等を行い、その後そのメンバーと議論を行うことにより、ワーキンググループメンバーと目的意識や問題意識を共有することができ、疑問点等について直ちに助言を与えたり、情報収集を行ったりすることが可能である。通常は長期専門家がワーキングセッションで助言を行い、ここぞという場面で日本側ワーキンググループからの書面コメントを用いたフェーズ3の法曹養成機関機能強化サブ・プロジェクトのような支援の方法が最も効率的であるように思う。

反面、フェーズ3の判決書標準化・判例公開支援サブ・プロジェクトの場合のようにワーキンググループメンバーが高い地位にある人ばかりであると、日程調整に手間取り、ワーキングセッションを開催すること自体が難しいという欠点がある。

ワーキングセッション

5　長期専門家による相談（Consultation）

長期専門家による助言（Advice）との差は微妙であるが、フェーズ2のR／D上は明確に区別されている。先にも述べたように、立法支援の分野では、実務家である長期専門家が個々の立法について助言を行うことは相当に難しく、日本における特定の法律の運用の実情などについて紹介することなどができるにすぎないと思われる。また、ベトナム側からの要請に応じて資料となる書籍等を取り寄せ交付したりすることも相談の中に入るであろう。誤った助言をしてしまったり、長期専門家と日本側作業部会（ワーキンググループ）との間で見解が異なってしまったりすることがあれば、支援対象国側に相当の混乱をもたらすことが容易に想像できるから、フェーズ2で長期専門家のTORを明確にしたのは非常にいいことであったと思う。今後のプロジェクトにおいても、国内のワーキンググループと長期専門家とのそれぞれの権限・役割分担はTORなどで明確に定めておくことが必要であろう。

6　機材供与

フェーズ1において資機材供与が行われたことは前述したが、フェーズ2においても、終了時評価によれば一九一八万円あまりの機材供与が行われている。これは法令の鳥瞰図作成のためのコンピュータや人材養成の分野での書籍の供与であると思われる。フェーズ3でもコンピュータ、プリンター等のコンピュータ周辺ハードウェア・ソフトウェア、コピー機などの供与はなされているが、その額は小さく、今後もよりソフト面の技術協力が行われることになろう。ただ、より戦略的にODAの一元化が今後進めば、こうした機材供与を含む技術協力プロジェクトと無償資金協力などとを組み合わせた戦略的な支援が行われることも考えられないわけではない。

第4節　サブ・プロジェクトB－1（法曹養成機関機能強化サブ・プロジェクト）

本節と次節では、フェーズ3の長期専門家として、裁判官から派遣された長期専門家が直接関わっている支援活動について、詳しく説明することとしたい。私がベトナムで長期専門家として関わった部分については、次章の第1節と併せて読まれると、よりイメージがつかみやすいのではないかと思う。

1　サブ・プロジェクトB－1の目的は、統一的な新規法曹養成機関の設立を視野に入れ、その機関を構成することになる既存の研修機関のトレーニングプログラムや教材が改善されることである。そこでまず、既存の研修機関にどのようなものがあったかに触れておくことにする。新規法曹の養成に関して、裁判官と弁護士の養成については法曹養成学校（LPTS）が、検察官の養成については検察大学校がそれぞれ担当していた。

(1)　法曹養成学校（LPTS）

法曹養成学校は、司法省が管轄するハノイ法科大学直属の教育研修センターを基礎とし、一九九八年二月一一日の首相決定に基づいて設立された、司法省管轄の教育施設である。二〇〇四年以降、裁判官養成については司法省と最高人民裁判所が共同して達成目標の策定等を行っている。

法曹養成学校は、裁判官、弁護士に加えて、公証人、裁判所書記官など各種司法官職の教育研修を行っていた（なお、二〇〇四年からは検察官の養成も開始した。）ほか、裁判所の管理職を対象に裁判所の管理等に関する研修を行ったり、各種司法官職の教育研修の質を高めるために学術研究を行ったりしていた機関である。裁判官の養成期間は一年間、弁護士の正規の養成期間は六か月間であり、法曹養成学校の専任教官のほか、ハノイ法科大学、ハノイ国家大学などの教官や裁判官、検察官、国内外の弁護士などの実務家が兼務教官として、講義、ケーススタディ、模擬裁判、デュアル・ティーチング・メソッド

（理論教官と実務家教官とが二人で行う授業）などの方法で教育を行っていた。法曹養成学校では、第一期から第六期までに一一四五人の裁判官を卒業させるとともに、一二三一人の弁護士を卒業（ただし四か月間の実習コース）させ、一〇〇〇人あまりの弁護士に対する正規の研修を行った。なお、二〇〇三年当時におけるベトナムの法曹人口は、裁判官三四三五人、検察官七三一九人、弁護士二三六〇人である。

(2)　検察大学校

検察大学校は、一九七〇年設立の検察中級学校を基盤として、一九九二年の国家評議会規定に基づいて設立された、人民検察院管轄の教育施設である。

普通中学校（一二年制）を卒業し、入学試験を受験した者を対象にする正規研修コース、少数民族や辺境地に住む者を対象にし、審査により選考された者を対象にする特別枠研修コース、検察分野で業務を行ってはいるが最終学歴が普通中学校卒である者で、入学試験を受験した者を対象にする在職者研修コース、法学士の資格を持ち検察の業務に就いている者を対象にする検察官研修コースの四つのコースがあり、正規研修コース、特別枠研修コース、在職者研修コースの研修期間は三年間（基本法の学習期間二年間、検察業務に関する科目の学習期間一年間）、検察官研修コースの研修期間は一年間であった。一九七〇年の設立から二〇〇三年までに研修を受けた者の数は約七八〇〇人である。

これら既存の研修機関のトレーニングプログラムや教材を改善することがサブ・プロジェクトＢ－１の目標であるが、フェーズ３の開始当時既に統一的な新規法曹養成機関の設立が検討されていたところ、フェーズ3開始後間もない二〇〇三年一一月一八日に国家司法学院設立プロジェクトに関する首相決定がされた。この首相決定の内容は以下のとおりである。すなわち、統一的な内容とカリキュラムに基づき法曹養成機能を統合すること、専門的知識と技能を持つ様々な種類の法曹を養成すること、法曹の数を増やすとともにその質を向上させることなどを目的として、司法省の下に国家司法学院（JA）を設立する。国家司法学院は、ハノイに本部を置くとともにホーチミン市に支部を設置し、裁判官、検察官、弁護士、執行官、公証人その他職業法律家の養成、弁護士、執行官等職業法律家の研修、職業法律家の養成・研修に関する研究などを行う。国家司法学院は二〇〇四年から二〇〇六年末まで（第一段階）は、法学士号を持ち、実務経験を有する公務員を裁判官、検察官などの職業法律家として養成する（養成期間は一二か月間）とともに、法学士号を持つ者を弁護士として養成する（養成期間は六か月間）。二〇〇七年以降（第二段階）は、第一段階の活動を継続しつつ、司法分野の人材増強のため、実務経験のある公務員でなくても法学士号を有する者から職業法律家を養成する（養成期間は実務経験のある公務員については一二か月間、実務経験のない者に対しては一八か月間（うち六か月間は実務研修））。毎年養成される法曹は、第一段階では裁判官五〇〇人、検察官二〇〇人（二〇〇五年以降は三〇〇人）、弁護士二〇〇人、第二段階では、法曹三者共通カリキュラムにより二五〇〇人とする。

この首相決定に基づき、国家司法学院（JA）が二〇〇四年二月二五日に発足した。このように司法制度が変革する状況の中でフェーズ3のサブ・プロジェクトB－1は始まったのである。

国内には、司法研修所教官二名（民事裁判教官、刑事裁判教官各一名、いずれも裁判官である。）、弁護士二

国家司法学院トゥ学院長

名、法務総合研究所教官二名を委員とする国内ワーキンググループ（ベトナム法曹養成共同研究会）が組織され、ベトナム側でも、国家司法学院教官を主要メンバーとし、最高人民裁判所、最高人民検察院からも参加するベトナム側ワーキンググループが組織された。

2　フェーズ3の一年目はもっぱら日本の法曹養成制度に関する情報提供と、ベトナムにおける法曹養成の実情調査に当てられている。

まず、二〇〇三年九月一八日に、第一回ワーキングセッションが、私の前任者に当たる杉浦正樹判事補（二〇〇二年六月二四日から二〇〇四年三月三一日まで竹内努判事補の後任の長期専門家として派遣された。）によって法曹養成学校会議室で開催された。

第一回ワーキングセッションでは、当面一年間の活動の目的、方針、方法について長期専門家によるプレゼンテーションに基づいてベトナム側ワーキンググループと長期専門家とで議論を行い、プロジェクト一年目はベトナムの現状についての分析を行う準備的な活動期間であること、一年目の最後に現状分析等についての報告書（総括レポート）を作成すること、必要があれば社会調査（フィールド・サーベイ）

等を行うことなどが確認された。その後、長期専門家が、「日本における法曹養成システム」に関し「現行システムと今後の方向性」について紹介を行うとともに、アメリカ、フランス、ドイツの法曹養成システムについても情報提供を行い、ベトナム側ワーキンググループと意見交換を行った。

第二回ワーキングセッションは、二〇〇三年一〇月一八日、一九日に、法曹養成学校が予定していた教授方法論に関するワークショップとジョイントする形で、ハイフォン市ドーソンのホテル内にある会議室で開催された。

このワーキングセッションでは、当初は司法修習の指導目標・方針に重点を置いた議論を行う予定であったが、上記ワークショップと平仄を合わせるためこれを変更し、長期専門家も他のワークショップ参加者と同様に教授方法についてのプレゼンテーションを行い、日本の司法修習で具体的に用いられている講義、起案・講評、問題研究、模擬裁判などの指導方法と、司法研修所での教育の特徴となっている要件事実教育を紹介した。その後、ワーキンググループメンバーと、第一回ワーキングセッション後にベトナム側ワーキンググループが作成した活動計画（アクション・プラン）について議論を行い、これを確定した。また、フィールド・サーベイの必要性についても議論を行い、次回までに、日本側がその必要性について検討を行い、実施する場合にはベトナム側がフォーム等を作成・提出することが確認された。

第三回ワーキングセッションは、二〇〇三年一一月一四日に法曹養成学校会議室で開催された。

このワーキングセッションでは、ベトナム側ワーキンググループ側がその事務局の紹介と事務局の活動に関する若干の議論を行った後、長期専門家が「司法修習生指導要綱」を用い自らの体験に基づいて司法修習生の指導目標、方針についての紹介を行い、ベトナム側ワーキンググループと議論を行った。その後、フィールド・サーベイのクエスチョネア案の検討を行ったが、議論がまとまらず、一一月一七日までに事務局で修正を行い、ワーキンググループメンバーが書面でコメントした後に最終稿を作成することとなった（実際には修正案の作成に時間がかかり、最終稿の完成は一二月三日になった。）。

二〇〇三年一二月四日、五日には、短期専門家として派遣された加藤新太郎司法研修所上席教官と山下輝年法務総合研究所国際協力部教官（法曹養成共同研究会委員）による現地セミナーが開催された。

現地セミナーでは、ベトナム側参加者に統一的法曹養成教育の利点と実施の際の留意点を理解してもらうため、短期専門家が、司法研修所の設置目的、司法修習の仕組み、教官の任務、司法修習の目標の設定、修習計画及びカリキュラムの策定と留意点、司法研修所における講義の手法（参加型講義、問題研究、起案と講評、模擬裁判など）、教材（基本教材、起案教材）の選択・作成といった司法研修所の概要などについて解説してベトナム側参加者と意見交換を行い、また、日本の民事裁判教育の特徴となっている要件事実教育について、その効用や英米法・独仏法教育との比較などについて解説・意見交換を行うなど、極めて密度の高いセミナーが行われた。

二〇〇四年一月七日には、第四回ワーキングセッションが、法曹養成学校会議室で開催された。

このワーキングセッションでは、長期専門家が、日本の民事第一審訴訟手続について手続の各段階に関する修習がどのような形で行われているかを紹介して、ベトナム側ワーキンググループと意見交換を行った。その後、二〇〇三年一二月中に実施されたフィールド・サーベイの中間結果概要の報告がなされ、同報告と一年目の総括レポートのアウトラインについて議論が行われた。

二〇〇四年二月三日から同年三月四日まで本邦研修（第一回）が行われ、ベトナム側から一〇名の研修員が参加した。この本邦研修は約五週間にも及ぶ長期間のもので、その間、ベトナム側研修員から、ベトナムにおける法曹養成教育の直面している問題点についての発表が行われたほか、法務総合研究所などにおいて、日本の法曹制度や日本の司法修習の実情、裁判官・検察官任官後の教育の概要、要件事実、事実認定などに関する詳細な講義等が行われた。また、司法研修所を訪問してベトナム法曹養成共同研究会の委員でもある司法研修所教官と法曹養成に関する意見交換を行ったほか、最高裁判所、法務省、日本弁護士連合会などの訪問を行った。

この本邦研修（第一回）の成果は、二〇〇四年三月二三日に国家司法学院会議室で開催された第五回ワーキングセッションにおいて、本邦研修に参加したベトナム側ワーキンググループメンバーによって発表が行われた。発表に対しては、本邦研修に参加しなかったワーキンググループメンバーとの間で質疑応答がなされたが、その応答によれば本邦研修の内容はおおむね研修員に理解されているようであった。また、このワーキングセッションにおいては、前記フィールド・サーベイの最終結果（一月一二日付け）に対して長期専門家がコメントを行っており、フィールド・サーベイの結果や本邦研修の成果をふまえた一年目の総括レポートのアウトラインについて議論が行われ、同総括レポートを次回ワーキングセッションの一〇日ないし一週間程度前に提出することの確認がなされた。この第五回ワーキングセッションには、丁度引継ぎなどを目的とする調査出張でハノイを訪れていたため、私もオブザーバーとして出席することができ、どのような形でワーキングセッションが現地で開催されているかを知ることができた。

第六回ワーキングセッションは、二〇〇四年四月二〇日に、検察官から長期専門家として派遣されていた丸山毅長期専門家（派遣期間は二〇〇三年五月二六日から二〇〇四年五月二五日まで）により、国家司法学院会議室で開催された。

このワーキングセッションは、長期専門家の地方検察庁での司法修習生指導係検事としての経験に基づいて、検察庁における実務修習に焦点を当てて行われた。なお、このワーキングセッションの前に提出される予定であった一年目の総括レポートは、その分量が大部になってしまったことから作成が遅れてしまい、最終的に提出されたのは二〇〇四年八月のことであった。結局、一年目の総括レポートについては、後述の第九回ワーキングセッションにおいて、誤っている部分等について長期専門家である私から指摘等を行った後になってようやく完成され、国家司法学院のホームページ（http://www.judaca.edu.vn/）に掲載されることとなった。その内容は、日本ほかドイツ、フランス、アメリカ、アイルランド、中国等諸外国の法曹養成制度を研究した結果、日本型の法曹三者を共通カリキュラムで養成する制度を取るのがベトナムにとっては相当であるというものであり、フェーズ3プロジェクト二年目はこの共通カリキュラムの作成に当てられることになったのである。

二〇〇四年八月四日から六日まで、短期専門家として派遣された川嶋四郎九州大学教授と松島弘弁護士（法曹養成共同研究会委員）による現地セミナーが開催されている。

現地セミナーでは、ベトナム側参加者に民事訴訟における当事者主義を理解してもらうため、短期専門家が、当事者主義による訴訟運営と法曹教育、交互尋問の意義と課題、当事者主義の担い手としての弁護士の役割と育成などについて解説し、長期専門家も加わってベトナム側参加者と意見交換を行うなど、密度の高いセミナーが行われた。講義形式を極力減らして意見交換を主体にした結果、日ごとに参加者が増えることになり、二日目からは予定していた座席数では足りず、補助椅子を用いざるを得なくなってしまい、当事者主義に対するベトナム側関係者の関心の高さが窺えた。意見交換の中で、長期専門家である私は、当事者主義の民事訴訟制度を取っている我が国で原告被告の双方とも弁護士が代理人として付いていないいわゆる本人訴訟の場合に、どのように裁判官が手続きを進めているかを解説したが、まだ弁護士制度が整っていないベトナムの民事訴訟と共通している点が多く、ベトナム側参加者の関心を相当引くことができたように思う。

3　共通カリキュラムの作成は、二〇〇四年一〇月六日に国家司法学院会議室で開催された第九回ワーキングセッションから始まった。（第七回及び第八回の各ワーキングセッションは、同年六月に行われた運営指導調査やその後のプロジェクト予算の査定に対する内部的打合せのために長期専門家の参加なしに開催されたそうである。）なお、このワーキングセッションに先立つ二〇〇四年八月二五日に、電話会議システムを利用して、長期専門家と国内ワーキンググループとの間で、フェーズ3プロジェクト二年目以降における活動の進め方について詳細な打合せ（第四回ベトナム法曹養成共同研究会。なお、第三回までの研究会には長期専門家は参加していない。）を行っている。

第九回ワーキングセッションでは、前述したように、まずベトナム側ワーキンググループから一年目の総括レポートについての発表が行われ、これに対して長期専門家である私が、誤っている部分を指摘し、理解を正しくするよう解説を行った。すなわち、この総括レポートは、ベトナム語版で一五〇頁、英語版でも一二〇頁を超える大作であり、先進諸国の法曹養成制度を研究し、ベトナムの現在の法曹養成制度を検討した上で、大陸法系の法律体系を持っている日本とベトナムの司法制度との間に共通点があるとし、日本の法曹養成制度を深く研究した上で、法曹三者が訴訟に携わるものとして同じレベルの知識を持つべきであるとその必要性を説いて、二〇ないし三〇パーセントのカリキュラムについて共通カリキュラムにすることを提案しているものであり、その理解はかなり綿密に日本の法曹養成制度を検討したものであることが窺われるものであったが、やはり既に実務経験のある者を対象にしているベトナムの制度とそうでない制度である日本の制度との違いからくる誤解が散見されたため、それらを改めてもらう必要があったのである。なお、このワーキングセッション後、日本側ワーキンググループも、長期専門家が行った指摘を補足する書面コメントを作成し、ベトナム語に翻訳の上一二月にベトナム側に交付している。

ワーキングセッションでは、共通カリキュラムについて、ベトナム側ワーキンググループメンバーの代表者が、まず共通カリキュラムを作成するに当たっての基本原則を説明した。基本原則というのは、将来の法曹の果たすべき役割に関する共産党の国家政策に沿ったものでなければならない、教育訓練省の定めるカリキュラムの枠組みに沿ったものでなければならない、実務に容易に適応できるよう柔軟なカリキュラムでなければならない、現在のカリキュラムの良い点を継承しつつ先進諸国の経験から良い点を取り入れてベトナムの実情に適合したものでなければならないといった抽象的な原則である。

次に、ベトナム側ワーキンググループメンバーの代表者が、一年六か月間のカリキュラムの全体を一般理論、一般技能、実務修習、特殊技能の四つに分けるというほぼ一年目の総括レポートの内容に沿った共通カリキュラムの草稿を説明したところ、これに対して、一部のワーキンググループメンバーから、共通カリキュラムの導入そのものに反対するかのような反論が述べられた。長期専門家である私としては、既に総括レポートがほぼ完成している段階であったので、この段階で未だ共通カリキュラムに反対する意見が根強いことを知り若干驚かされたが、法曹三者のいずれもが他の二者の立場を理解し、相手の立場に立って考える能力を身に付けられる日本の法曹養成制度の良い点を説明した。また、実務修習についても、受入能力などの点からその導入は困難であるという意見が述べられたため、実務修習が日本の修習制度の核となっている重要な制度であることを説明した。これに引き続く議論の結果、共通カリキュラムの必要性についてワーキンググループメンバーの間に共通認識ができ、次回までの間に共通カリキュラムのアウトラインを作成することが確認された。

二〇〇四年一一月一六日ころに共通カリキュラムのアウトラインが提出されたのを受け、同月二二日、JICAネットを利用して、長期専門家と国内ワーキンググループとの打合せ（第五回ベトナム法曹養成共同研究会）を行った。

第一〇回ワーキングセッションは、翌二三日、国家司法学院会議室で開催された。このワーキングセッションでは、前任の杉浦専門家が第一回ワーキングセッションで紹介していた二〇〇六年以降に我が国で導入される新しい司法修習の制度についてその内容が既に明らかになっていたことから、まず長期専門家である私の方からその紹介を行った。我が国の司法修習制度が法曹人口を増やすため一年半から一年間に期間を短縮するとともに修習生の人数を増加させることは、法曹人口の増加を目標においているベトナム側の関心を強く引いたようであった。併せて期間を短縮してもやはり実務修習に重点を置いた法曹養成制度を日本が継続しようとしていることもまたベトナム側の関心を引いていた。

次に、ベトナム側ワーキンググループの代表が、共通カリキュラムのアウトラインについての説明を行った。アウトラインは、前回のワーキングセッションで確認した草稿の内容を踏襲するものであり、共通カリキュラムといっても部分的な共通カリキュラムであること、修習期間は一八か月としそのうち六か月間を実務修習に当てることなどの原則を確認した上で、全体を一般教養的部分、共通技能部分、実務修習、高度修習の四つに分け、修習生が学んでおいた方が良いであろうと思われるものを網羅する内容のものであった。これに対して、長期専門家の方から国内ワーキンググループとの打合せの結果をふまえて疑問点についての質問を行うとともに、修習期間が限られていることからすると、法曹になって間もない者が担当する可能性の少ない控訴審などの分野についてはコマ数を減らすべきであるなどのコメントを行い、その後ベトナム側ワーキンググループとの間で意見交換を行った。その結果、アウトラインについて全体的には賛同するものの、控訴審に関する部分や一般教養に関する部分などを減らして技能に関する部分などを増やす方向で検討し、一二月二五日までに共通カリキュラムの第1ドラフトをベトナム側が提出することが確認された。

一一月下旬以降毎週一回は国家司法学院で執務をするようにしていたところ、一二月二二日に第1ドラフト作成のための内部ミーティングがあるが出席しないかと誘われ、これに出席することにした。フェーズ2では国家司法学院内に短期専門家として派遣されていた竹内判事補が執務室を確保していたところ、フェーズ3の一年目には必要ないからということでこれを返上してしまっていたのであるが、やはり頻繁に顔を合わせる機会があることは、人間関係が重視されるベトナムでは有効なようである。ミーティングでは、普段のワーキングセッションと異なり、若手の教官も明確に自説を述べており、トゥ学院長が司会をしながらパワーポイントを用いて自説を述べるというようなかなか見応えのある議論であり、第1ドラフト作成過程を知ることができ有益であった。

共通カリキュラムの第1ドラフトが一二月二七日に提出されたことから、直ちにこれを翻訳に回し、その検討と二〇〇五年一月二四日から二月四日まで予定されていた本邦研修（第二回）の準備のため、二〇〇五年一月一九日、JICAネットを利用して、長期専門家と国内ワーキンググループとの打合せ（第六回ベトナム法曹養成共同研究会）を行った。

第一一回ワーキングセッションは、翌二〇日、国家司法学院会議室で開催された。このワーキングセッションでは、ベトナム側ワーキンググループの代表がまず共通カリキュラムの第1ドラフトについて説明を行い、これに対して長期専門家である私が、前日の国内ワーキンググループとの打合せの結果をふまえて質問とコメントを行い、意見交換をした。このコメントを受けて共通カリキュラムの第2ドラフトは二〇〇五年二月一八日にベトナム側から提出された（したがって、残念ながら、第2ドラフトには本邦研修（第二回）の成果は間に合わなかった。）。また、このワーキングセッションの際に、本邦研修での議論の準備のため、当時国家司法学院で使用されていた模擬記録（模擬裁判用のものとケース研究用のもの）を入手した。

本邦研修（第二回）は、二〇〇五年一月二四日から二月四日まで、共通カリキュラムの第1ドラフトの検討と、三年目に支援するテキストブックをどのようなものにするかの検討を主たる目的として行われ、ベトナム側からはワーキンググループメンバーのうち一〇名が研修員として参加した。前述したように、長期専門家である私も研修員に同行して国内ワーキンググループと研修員との意見交換に参加した。そして、意見交換の結果、日本側からは、第1ドラフトに対して、法曹養成においては事実認定能力の養成に重点を置くべきであることなどを中心とする指摘を行った。この本邦研修では、意見交換のほか、法科大学院のカリキュラムや教材作成、実務修習についての解説等が行われている。また、この本邦研修において日本側がした共通カリキュラムの第1ドラフトに対する指摘は、書面コメントとしてベトナム語に翻訳の上、二月一九日にベトナム側に交付された。

本邦研修（第二回）の成果は、二〇〇五年二月二二日に国家司法学院会議室で開催された第一二回ワーキングセッションにおいて、本邦研修に参加したベトナム側ワーキンググループメンバーによって発表が行われたが、その発表を聞く限り、本邦研修で学んだことはベトナム側ワーキンググループメンバーに十分吸収されているように感じられた。

この第一二回ワーキングセッションでは、本邦研修に参加しなかったワーキンググループメンバーにも日本側が指摘した事実認定能力の重要性が理解されるよう、長期専門家である私が、後述のサブ・プロジェクトB－2で使用した事実認定に関する資料を配付してその解説を行った。また、前回のワーキングセッションの成果を取り入れて作成された共通カリキュラムの第2ドラフトについて、ベトナム側ワーキンググループの代表が解説を行い、長期専門家がこれに対してコメントをして意見交換をした。

このワーキングセッションと本邦研修（第二回）の成果を取り入れて作成された共通カリキュラムの第3ドラフトが二〇〇五年三月二一日にベトナム側から提出されたので、同月二三日、JICAネットを利用して、長期専門家と国内ワーキンググループとの打合せ（第七回ベトナム法曹養成共同研究会）を行った（また、この打合せでは、後述のように、テキストブックのアウトラインについての検討も行われている。）。

第一三回ワーキングセッションは当初三月二二日に予定されていたが、国家司法学院の側の都合で延期されたため、事実認定能力の養成の重要性と法曹三者に共通する講義の必要性を強調するこの第3ドラフトに対する打合せの結果は、書面コメントとしてベトナム語に翻訳の上、四月四日にベトナム側に交付された。また、このころ、我が国の法科大学院と司法研修所で使用しているカリキュラムのベトナム語版を参考のために提供した。そして、これらを受けて作成された共通カリキュラムの第4ドラフトは、四月二五日にベトナム側から提出された。第4ドラフトの検討を主たる目的とする第一三回ワーキングセッションは、二〇〇五年四月二六日に国家司法学院会議室で開催された。第4ドラフトは、第3ドラフト同様に事実認定を重視した内容のものとなっており、日本側のコメントが相当に採用されたということができる。このワーキングセッションでは、まずワーキンググループの代表から第4ドラフトの解説がされた後、長期専門家と各ワーキンググループメンバーがそれぞれ意見を述べ、ほぼ意見の集約がなされた。その後、このワーキングセッションの成果を取り入れた最終稿を作成し、司法省外部の意見聴取を行ってカリキュラムを確定する旨を確認した。

この共通カリキュラムについては、五月中にも確定する予定であったが、ベトナム側による最終稿案の作成は二〇〇五年一〇月まで遅れた。また、そこで提出された最終稿案は、第4ドラフトから法廷傍聴と模擬裁判のコマ数を削減し、実務修習を削除して修習期間を一二か月間に短縮するというものであった（他方では事実認定に関するコマ数はさらに増やされていた。）。そこで、二〇〇五年一〇月一二日に私の後任の長期専門家である國分隆文判事補（二〇〇五年五月二一日から派遣）によって開催されたワーキングセッションで再度検討が行われ、実務修習は夏期休暇期間を利用した三週間の実務見学という形で復活することとなり、共通カリキュラムは確定した。

実務修習については、受入機関の収容能力などの関係から実現が難しいのではないかと思われていたから、その重要性さえベトナム側に理解されれば、共通カリキュラムの導入当初は採用することが難しいとされてもやむを得ないであろう。また、修習期間の短縮についても、六か月間から期間が延びることになりその結果支払う学費が高くなる弁護士志望者の関係（裁判所あるいは検察院から国家司法学院に入学する者は学費が不要であるが、試験を受けて入学する弁護士志望者は学費が必要である。）で、既に共通カリキュラムの草稿が提出された第九回ワーキングセッションでも問題になっていた点であり（そのため、第一〇回ワーキングセッションでは二〇〇六年以降我が国の司法修習の期間が一年間に短縮されることを紹介した。）、国家司法学院の施設的に二期分の修習生が重なって教育を受ける期間があることは難しいであろうから、我が国の司法修習の期間が法曹人口の増加のために短縮されたことからするとまたやむを得ないといわざるを得ないであろう。

4　前述のように、フェーズ3開始後約一年目に行われた運営指導調査によっても、共通カリキュラムを支える土台として作成すべきテキストブックについては、民事実体法、民事手続法、刑事実体法、刑事手続法を中心に約五〇〇頁のテキストブック四冊について支援をすることになったが、法曹三者各々の職業の技能的側面に関するテキストブックについて支援を行うかどうかはさらに協議をすることになっていた。その後長期専門家と国家司法学院の担当者との間で協議を続けたが、支援するテキストブックをいずれにするかについてなかなか合意することができなかった。我が国の支援体制としては、長期専門家と国内ワーキンググループの委員のいずれもが実務家であるため、法曹三者の職業の技能的側面について支援を行いたいし、それ以外の支援は難しいという考えであったのに対し、ベトナム側は前述の四冊の支援をまず得たいという考えであったからである。最終的には、前述の本邦研修（第二回）における協議の結果、まず民事事件解決の技能と刑事事件解決の技能に関する二冊のテキストブックの支援を行うことが決まり、その後サブ・プロジェクトAで組織されている作業部会であるベトナム民法研究会とベトナム民訴法研究会による協力が得られることとなったことから民事実体法、民事手続法の二冊のテキストブックの支援を行うことが決まった。

民事事件解決の技能と刑事事件解決の技能に関するテキストブックの内容は国家司法学院がいかなるカリキュラムを採用するかによって左右されるため、まずカリキュラム作成に取り組んでいたのであるが、カリキュラムの内容が第3ドラフトでほぼ固まったことから、本邦研修（第二回）で技能に関する二冊のテキストブックの支援が決まったことを受けて、共通カリキュラム作成と並行してテキストブックの作成も開始されることとなった。（私の長期専門家としての派遣期間は二〇〇五年五月一日までであったが、帰国後は国内ワーキンググループ（法曹養成共同研究会）にオブザーバーとして参加することとしたので、以下はもっぱら法曹養成共同研究会が作成に関わる技能に関するテキストブックについての活動である。）

テキストブックの作成は、二〇〇五年三月二一日ころにベトナム側から提出された各テキストブックのアウトラインから始まった。このアウトラインは未だ非常に簡単なものであったが、同月二三日にJICAネットを利用して行われた長期専門家と国内ワーキンググループとの間での打合せ（第七回ベトナム法曹養成共同研究会）で検討し、さらに具体化したアウトラインを提出してもらえるようベトナム側に求めることとした。

民事実体法と民事手続法のテキストブックについてやや詳しいアウトラインが提出されたのを受けて、二〇〇五年六月二八日にこれに関するワーキングセッションが開催された。翌二九日にJICAネットを利用して行われた長期専門家と国内ワーキンググループとの間での打合せ（第八回ベトナム法曹養成共同研究会）では、長期専門家からその報告を受けて意見交換をするとともに、秋に予定されている現地セミナーと翌二〇〇六年に予定されている本邦研修（第三回）に関して打合せを行った。

二〇〇五年八月二二日にＪＩＣＡネットを利用して行われた長期専門家と国内ワーキンググループとの間での打合せ（第九回ベトナム法曹養成共同研究会）では、八月一六日に予定されていた民事実体法と民事手続法のテキストブックのアウトラインについてのワーキングセッションが延期となったため、長期専門家からその報告を受け、さらに技能に関するテキストブック作成の前提ともなっている共通カリキュラムの確定が遅れている状況について意見交換をするとともに、秋（一〇月）に予定されている現地セミナーに関して人選等の打合せを行った。私は丁度夏期休暇を利用してベトナムを訪れていたので、この打合せにはハノイで参加した。

二〇〇五年一〇月一三日にＪＩＣＡネットを利用して行われた長期専門家と国内ワーキンググループとの間での打合せ（第一〇回ベトナム法曹養成共同研究会）では、一〇月一二日に行われた前述の共通カリキュラムの最終稿案確定のためのワーキングセッションの報告を受けた後、新たにベトナム側から提出された技能に関する二冊のテキストブックのやや詳しいアウトラインについて意見交換をし、本邦研修（第三回）に関する打合せを行った。同月一八日には、この打合せの結果をふまえ、長期専門家がベトナム側ワーキンググループと技能に関するテキストブック二冊についてのワーキングセッションを行い、アウトラインについてさらに具体化すべきであること、テキストブックにはサンプル文書を付けた方がいいこと、条文の引用を改正された民法、民事訴訟法などに則して適切に行うべきであることなどのコメントを行った。

二〇〇五年一〇月二〇日、二一日には、短期専門家として派遣された加藤学司法研修所教官（法曹養成共同研究会委員）と司法研修所教官の経歴を有する高畑満弁護士による現地セミナーが開催された。この現地セミナーでは、ベトナム側参加者に刑事事実認定と刑事事件における弁護士の活動の重要性を理解してもらうため、短期専門家がそれらについて解説してベトナム側参加者と意見交換を行うなど、密度の高いセミナーが行われた。

二〇〇五年一一月一七日にJICAネットを利用して行われた長期専門家と国内ワーキンググループとの間での打合せ（第一一回ベトナム法曹養成共同研究会）では、前記現地セミナーの結果について報告が行われた後、一〇月一八日と一一月一五日（刑事技能に関するテキストブックのアウトラインについて行われた。）に行われたワーキングセッションの結果についての意見交換を行い、本邦研修（第三回）についての打合せを行った。この打合せの結果、本邦研修で技能に関するテキストブックの第1ドラフトを検討できるよう、それに間に合うべく第1ドラフトを提出してもらうことをベトナム側に働きかけることが決定された。

二〇〇六年一月二七日にJICAネットを利用して行われた長期専門家と国内ワーキンググループとの間での打合せ（第一二回ベトナム法曹養成共同研究会）では、本法研修（第三回）に参加するベトナム側ワーキンググループメンバーの作成した技能に関するテキストブック二冊の第一ドラフトについて、本邦研修での意見交換に備えた打合せを行った。

本邦研修（第三回）は、二〇〇六年二月六日から同月一七日まで、技能に関するテキストブックの第1ドラフト（本邦研修の研修員が作成した部分）の検討を主たる目的として行われ、ベトナム側からはワーキンググループメンバーのうち一〇名（トゥ国家司法学院長を含む。）が研修員として参加した。前述したように、前長期専門家であった私もオブザーバーとして国内ワーキンググループと研修員との意見交換に参加した。民事、刑事それぞれに分かれて行うなどした意見交換の結果、日本側からの指摘を受けて第1ドラフトを修正するほか、編集によりテキストブックを充実させることが確認された。この本邦研修では、意見交換のほか、法科大学院における実務家養成教育に関する意見交換や、司法研修所の見学、国家司法学院が指導対象としている公証人制度の説明などが行われている。

二〇〇六年三月二九日にJICAネットを利用して行われた長期専門家と国内ワーキンググループとの間での打合せ（第一三回ベトナム法曹養成共同研究会）では、技能に関するテキストブック二冊の第1ドラフトのうち本邦研修の研修員以外の者が作成した部分について意見交換を行った。この打合せの結果をふまえて二〇〇六年五月ころに長期専門家とベトナム側ワーキンググループとのワーキングセッションを行い、その結果を受けて最終稿を確定したら、印刷に入る予定である。

民事実体法、民事手続法のテキストブックに関しては、予定よりも遅れ、延長されたフェーズ3の期間中である二〇〇六年九月末までにベトナム側がテキストブックの原稿を提出し、二〇〇七年一月末までに日本側がコメントを提出、その年のテト休暇前にコメント解説のためのワーキングセッションを開催、その後コメントに基づく原稿の改訂、テキストブックの印刷という手順で完成する予定となっている。

テキストブックの作成は、このように当初の予定より遅れてはいるが、延長された二〇〇七年三月までにはいずれも完成が見込まれており、二〇〇七年に始まる予定の共通カリキュラムによる新しい法曹養成教育には間に合いそうである。共通カリキュラムの場合に比して改訂した回数が少なく、編集期間も十分にあるとはいいがたいから完成度には不満が残るものになってしまうかもしれないが、特に技能に関するテキストブック二冊については、法曹三者を共通カリキュラムで養成しようというカリキュラムの内容に沿ったテキストブックであり、それを読むことにより他の法曹がどのようなことを考え行動しているのかを理解することが可能になるものであるから、そのような内容のテキストブックが国家司法学院で使用されるということには大きな意義のあることなのではないかと感じている。

第5節　サブ・プロジェクトB－2（判決書標準化・判例公開支援サブ・プロジェクト）

1　サブ・プロジェクトB－2の目的は、判決様式が標準化され、すべての法曹にとってアクセス可能な判例情報が整備されることである。そこでまず、ベトナムの裁判所と裁判官制度について触れておくことにする。

ベトナムの司法制度は、フランスの植民地時代にフランス制度が導入され、その後、旧ソ連の司法制度の影響を受けている。二〇〇二年四月二日に制定された人民裁判所組織法によれば、裁判所は最高人民裁判所と下級人民裁判所、軍事裁判所の大きく三つに分けることができ、下級人民裁判所は省級人民裁判所（日本の地方裁判所に相当する。）と県級人民裁判所（日本の簡易裁判所に相当する。）とから成っている。軍事裁判所は、軍隊に関係する事件を特別裁判所であるが、中央軍事裁判所は、最高人民裁判所の一部局であるから、下級人民裁判所同様、最高人民裁判所の下に置かれている。裁判は原則として二審制であり、第一審裁判所の直属上級裁判所が控訴審を担当することになっている。特徴的なのは、判決が確定した後に法令の適用に誤りがあった場合に、最高人民裁判所長や検事総長の申立によってこれを是正する監督審という裁判手続が認められていることであり、監督審制度は民事訴訟法の制定によっても変わることなく維持されている。また、判決確定後に事実の誤りがあった場合には、再審が可能である。

最高人民裁判所クォン裁判理論研究所長

第一審の裁判は、裁判官一名と人民参審員二名の合議体で行われる。控訴審、監督審、再審は、裁判官のみで構成される合議体で審理される。人民参審員の審理への関与は憲法上の要求である（一二九条）。下級裁判所の人員、予算等の組織については、従来は司法省の監督下にあったが、二〇〇二年一〇月一日からは最高人民裁判所の下に統一され、最高人民裁判所の権限が強化されたということができる。現在裁判官は裁判所書記官の中から一年間の国家司法学院における研修を受けた者が任命されているが、過去に任命された裁判官の中には大学を卒業していない者すらおり、特別な専門的教育を受けていない者もいるとのことであった。裁判官の任期は五年間であり、再任も認められているが、任期中に判決に誤りが多い（控訴審で結論が変わると誤りがあったと評価されるようである。）と再任が認められないということである。

ベトナムは一九八六年にドイモイ政策を採用して以来市場経済体制への移行を目指しているが、市場経済に適合する法制度を構築し、国内外からの投資活動に不可欠な安定性と予測可能性を持った法的環境を構築するためには、単に成文法を整備するだけでは足りず、裁判所が実際の事件についていかなる事実認定と論理に基づいて判断を下しているかを明らかにし、同種事案に対する司法判断の帰趨について予測を可能にする手がかりとしての機能を果たす判例の整備と公開が必要である。しかし、我が国の場合には、司法研修所で判決書の作成についての教育を受けた後、裁判官が単独で判決書を作成することができるのは、早くても判事補任官から五年間が経過して特例判事補となってからのことであり、それまでの間は裁判官三人で構成される合議体の一員として判決書の作成について裁判長や相陪席裁判官から指導を受ける機会があるのに対して、前記のように専門的教育を受けていない者にとって、説得力のある判決書を作成することは極めて難しいことであり、判決書には結論に至る過程がほとんど記載されていないものもあるという状況であった。そこで、判例の整備と公開のためには、まず公開することができるレベルにまで判決書を標準化することが必要であるとして、フェーズ3のサブ・プロジェクトB－2は始まったのである。

国内には、弁護士二名（一名は元裁判官）、裁判官一名（大阪地裁判事補）、法務総合研究所教官二名（一名は判事補からの出向者）を委員とする国内ワーキンググループ（ベトナム判決書・判例整備共同研究会、判例共同研究会）が組織され、ベトナム側でも、最高人民裁判所の裁判官（最高人民裁判所労働裁判所長などいずれも相当に重要な地位にある裁判官であった。）を主要メンバーとし、国家司法学院からも参加するベトナム側ワーキンググループが組織された。

2　フェーズ3の一年目はもっぱらベトナムの従来の判決書の問題点の調査と、日本の判決書と日本で判例が果たしている役割の紹介とに当てられている。

まず、二〇〇三年一〇月一五日に、第一回ワーキングセッションが、杉浦長期専門家によって、最高人民裁判所会議室で開催された。このワーキングセッションでは、プロジェクトの方針についての打合せが行われ、三年間の大まかな計画が確認された。そして、その計画に沿い、まずベトナムの当時の判決書の問題点を調査するために数件の判決書を提出してもらえるようベトナム側に要請がなされた。この結果、一六件の民事事件（第一審、控訴審）の判決書が提出されたので、和訳の上検討されることとなった。

第二回ワーキングセッションは、二〇〇三年一二月一五日に、最高人民裁判所会議室で開催された。

このワーキングセッションでは、長期専門家が、日本の民事判決書の構成について紹介を行い、その後ベトナム側ワーキンググループと意見交換を行った。日本の「民事判決起案の手引き」がベトナム語訳されて交付されている。

第三回ワーキングセッションは、二〇〇四年一月五日に最高人民裁判所会議室で開催された。このワーキングセッションでは、長期専門家が最高裁判決についてその判例としての意義を紹介した。

第四回ワーキングセッションは、二〇〇四年四月二六日に、JICAネットを利用して行われ、私も派遣を控え次期長期専門家としてオブザーバー参加した。このワーキングセッションは、第五回ベトナム判決書・判例整備共同研究会を兼ねて行われている（これまでの間に四回判例共同研究会は開催されており、このワーキングセッションや現地セミナーの準備のための打合せが行われている。ただし、長期専門家は関与していなかった。）。

このワーキングセッションでは、宮崎謙大阪地裁判事補（判例共同研究会委員）が、前述の一六件の判決書の中の一件を日本の判決書様式に書き直し、「日本の裁判官がベトナムの判決を書いたらどうなるか」というプレゼンテーションを行い、ベトナム側ワーキンググループと意見交換を行った。

二〇〇四年六月二日から四日にかけて、短期専門家として派遣された宮崎判事補と塚原長秋弁護士（判例共同研究会委員、元長期専門家）による現地セミナーが、裁判所職員学校で開催された。前回のワーキングセッションと同様、日本の裁判官がベトナムの事件について判決書を起案したらどうなるかというのが主要なテーマであり、判決書の機能、役割、日本側ワーキンググループから見たベトナムの判決書の問題などについて、ベトナム側ワーキンググループのほか全国からハノイに集まった参加者との間で意見交換が行われた。また、判例の機能についての紹介も行われた。現地セミナーの際にベトナム側参加者の感想を聞く限り、ベトナム側がこれまでのベトナムの判決書を客観的に評価するきっかけとなる刺激を与えられたのではないかと思われる。現地セミナーでは、当事者主義を徹底しようとする国家司法学院からの参加者と、従来の訴訟運営を急激に変えることは難しいとする最高人民裁判所からの参加者との間で白熱した議論があり、ベトナムの現状を反映しているように感じ、非常に興味深かった。

二〇〇四年七月五日に運営指導調査の結果報告などのために第八回ベトナム判決書・判例整備共同研究会が開催され、ＪＩＣＡネットを利用して長期専門家である私もこれに参加し、これ以降のプロジェクトの進め方について意見交換した。この共同研究会以降長期専門家と共同研究会との間で意見交換が行われるようになった。

七月七日に、ベトナムの判決書の現状を分析し、その標準化の方針について述べるプロジェクト一年目の総括レポートが、ベトナム側から提出された。

サブ・プロジェクトＢ－２では、二〇〇四年九月に本邦研修が予定されていたため、総括レポートを分析し本邦研修の準備を進めていたところ、七月二二日になって突然ベトナム側から本邦研修の延期の申入れがあった。その理由は、前述のように最高人民裁判所が所管している民事訴訟法が五月二七日に、企業破産法が六月一五日にそれぞれ成立し、それらの地方への浸透のための準備が忙しすぎてとてもワーキンググループメンバーが本邦研修に赴くことはできないというのである。この本邦研修は四週間もの長期間を予定しており、民事訴訟法の施行が二〇〇五年一月一日からと予定されていることからすると、前述のように裁判所の重要な地位にあるワーキンググループメンバーのうちの一〇名がこの時期に本邦研修に参加することは相当に難しかったとしかいいようがなく、若干無理のある計画であったといわざるを得なかった。

そこで、本邦研修の延期を補うべく、運営指導調査の際に合意した隔月でのワーキングセッションの開催を八月以降申し入れたが、最高人民裁判所としては全国で民事訴訟法の浸透のためのセミナーを開催しているところということでなかなか日程が合わず、結果的に第五回ワーキングセッションが最高人民裁判所会議室で開催されたのは二〇〇四年一二月二七日、二八日のことになってしまった。

それまでの間、日本側ワーキンググループからは九月八日付けで一年目の総括レポートに対する書面コメントが提出され、ベトナム語に翻訳の上ベトナム側に交付された。また、その間数回にわたり最高人民裁判所の担当者であるクォン氏やその補助を行っているタイン氏と協議を行った結果、未だ日本側とベトナム側との間で双方が考えている判決書作成マニュアルや判決書サンプルの完成像に差異があるのではないかと感じられた。その疑念は一一月一〇日にベトナム側から提出された判決書サンプルを見て、それがあまりに簡単でサンプルというよりはただのフォーマット（書式）でしかなかったことで裏付けられた。

そこで、二〇〇四年一二月二七日、二八日に開催した第五回ワーキングセッションでは、まず長期専門家である私すなわち日本の裁判官が、「日本の裁判官がいかにして判決起案能力を身に付けるか」について、司法研修所での教育や合議事件での指導などを解説し、それらが不十分あるいは欠けているベトナムとの比較を試みた。また、判決書を起案する場合における「判決起案の手引き（判決書作成マニュアル）」や「判決書集（判決書サンプル）」の有効性を紹介し、その実物を示しながら、それらに類する物がベトナムにおいても必要ではないかと問題提起した。その結果、ベトナム側ワーキンググループもプロジェクトが目標としている判決書作成マニュアルと判決書サンプルの完成像について、どのような物を作成したらよいのか共通の理解を持つことができたようである。

次に、裁判官がどのように判決をしているかについて議論をするため、事実認定の方法について、長期専門家が、いくつかの事例に基づいて作成した判決書例を利用して、ベトナム側ワーキンググループと意見交換を行った。不十分な証拠しかないにもかかわらずことさら無理な事実認定を行っている事例を作成してみたところ、予想どおり私が作成した判決書の理由付けに対しての疑問や反論が出され、判決を受ける当事者にとって裁判所が結論に至った理由を判決書に書くことの重要性が認識されたことが窺え、そのような記載がなされている判決書サンプルを作成するべきであるし、判決理由の重要性を指摘しその記載方法が分かるような判決書作成マニュアルを作成することが確認された。

さらに、二日目のワーキングセッションでは、ベトナム側から事前に提出のあった判決書サンプルについての解説が行われ、これに対して長期専門家とワーキンググループメンバーとの間で意見交換を行った。この結果、主文の部分に何を記載したらよいか、あるいは立証を要しない事実（当事者間に争いのない事実など）と立証すべき事実とをどのように判決書に記載したらよいかなど、判決書作成マニュアルや判決書サンプルの中身についてもかなり深い議論をすることができた。

このワーキングセッションが終わる際には、次回のワーキングセッションの期日を二〇〇五年一月二四日と定めて終わっているが、そうしたことは日本の法廷で次回期日を定めているのとほぼ同じであったことから比較的容易であり、一度ワーキングセッションを開催しさえすれば、継続して開催することはさほど難しいことではないことが分かった。

日本側ワーキンググループによる前記判決書サンプルの主文の部分の検討の結果が二〇〇五年一月一一日に書面コメントとして提出されたため、これをベトナム語に翻訳の上交付した。

丁度第六回法整備支援連絡会に出席されるために来日されたダン・カン・フォーン最高人民裁判所副長官一行と共同研究会との会合が、二〇〇五年一月一四日に第一三回ベトナム判決書・判例整備共同研究会として開催され、ベトナムの判決書の問題点やプロジェクトの進行などについての確認がなされた。

一月二四日に最高人民裁判所会議室で開催された第六回ワーキングセッションでは、まずフォーン副長官から前記会談の結果の報告がなされた後、長期専門家が日本の「民事判決起案の手引き」の内容を解説し、ベトナムで作成しようとしている判決書作成マニュアルのアウトラインについて意見交換を行った。この結果、ほぼアウトラインについては共通の認識を持つことができた。なお、日本側ワーキンググループから交付されていた前記判決書サンプルの主文の部分の検討の結果の書面コメントについては、全面的に指摘のとおりであるとベトナム側に了承された。

第七回ワーキングセッションは、二〇〇五年二月二四日に予定されていたが、最高人民裁判所の担当者であるクォン氏の体調不良により延期となり、調整の結果、四月一三日に最高人民裁判所会議室で開催された。このワーキングセッションでは、事前にベトナム側ワーキンググループから提出されていた判決書フォーマットについての意見交換を行った。判決書フォーマットは判決書サンプルを作成する基礎となる書式とのことであり、それが最高人民裁判所の裁判官評議会で承認されて確定されれば、その書式に沿った形で判決書サンプルをできるだけたくさん作りたいということであった。私は四月末でハノイを離れ帰国することになるため、当時作成中であったラオスの判決書作成マニュアルの原稿をベトナム側に交付し、判決書作成マニュアル作成の参考に供してもらうことにした。また、六月に現地セミナーが予定されていたため、次回ワーキングセッションの期日は未定とした。

二〇〇五年六月一日から三日にかけて、短期専門家として派遣された井関正裕弁護士（元裁判官、判例共同研究会委員）と宮崎謙判事補（判例共同研究会委員）とによる現地セミナーが、裁判所職員学校で開催された。セミナーでは、まずベトナム側ワーキンググループの代表から、労働事件と経済事件のそれぞれの判決書の書き方について、判決書の目的等に触れながら紹介がなされた。その後、短期専門家とベトナム側参加者との間で、判決書の「事実」「理由」の各部分について設例を用いるなどして意見交換が行われた。また、現地セミナーの機会を利用し、短期専門家、長期専門家とベトナム側ワーキンググループとの間で、プロジェクトの進行についての協議が行われた。

民事事件についての判決書作成マニュアルの第1ドラフトは、ベトナム側から六月末ころ提出され、二〇〇五年七月一二日には、國分長期専門家による第八回ワーキングセッションが、最高人民裁判所会議室で開催された。ワーキングセッションでは、マニュアルの作成者から概要についての発表が行われ、他のワーキンググループメンバー、長期専門家との間で意見交換が行われた。

このワーキングセッションの結果をふまえて改訂された判決書作成マニュアル第2ドラフトと新たに提出された判決書サンプル約二〇件についての意見交換を主たる目的として、二〇〇五年九月五日から一六日まで、本邦研修（第一回）が行われ、ベトナム側ワーキンググループ一四名が参加した。この本邦研修では、民事の判決書作成マニュアルと判決書サンプルの各原稿について詳細な意見交換が行われた。

二〇〇五年一〇月には刑事事件の判決書サンプルがベトナム側から提出され、長期専門家として派遣されている森永太郎検事（二〇〇四年五月九日から派遣）がこれに対してコメントを行った。また、本邦研修の際にベトナム側から判決書サンプルについて日本側で修正した物が欲しいという要請があったことから、このころ、日本側ワーキンググループが書き直した判決書サンプル五件がベトナム側に交付された。

二〇〇六年一月一六日までに、ベトナム側から判決書作成マニュアル（民事・刑事）の原稿が提出されたため、これに対して日本側ワーキンググループと長期専門家とで書面コメントを作成し、ベトナム語訳の上二月六日交付した。これをふまえてベトナム側が原稿を改訂し、六月末現在最高人民裁判所の承認を待っている段階である。今後承認が得られれば約五〇〇〇部を印刷して全裁判官に配布し、南部と北部とでその普及のためのセミナーを開催する予定である。

最高人民裁判所は、ＪＩＣＡのプロジェクトと並行して、オーストラリアのＣＥＧ（Vietnam – Australia Capacity Building for Effective Governance Facility）プロジェクトによる裁判官マニュアルの作成を行っており、このマニュアルもほぼ同じころ完成の見込みである。これらのマニュアルの完成はおそらくベトナムの裁判官のレベルを相当高めるであろうと期待できるものであり、他のドナーからも高く評価されていた。サブ・プロジェクトB－2は、国内ワーキンググループが大阪で組織されていたため帰国後はほとんど関わることができなかったが、判決書作成マニュアルの第1ドラフトなどを見る限りワーキングセッションの成果が相当に取り入れられており、感慨深かった。

3　判例公開の関係では、運営指導調査の段階では、デンマーク国際開発機構（DANIDA）の支援により整備されたコンピュータネットワークを利用して、地方の裁判所からアクセス可能な判例データベースを構築することをプロジェクトの目標としていたが、判決書作成マニュアルと判決書サンプルの作成に時間を要していることもあり、また、二〇〇五年七月にアメリカのSTAR（Support for Trade Acceleration）プロジェクトが監督審決定を集めた判決集を出版したこともあり、この判決集を利用して監督審決定の質を向上させ、監督審決定が判例としての拘束力を持つべく活動を行うこととなった。

二〇〇六年五月一五日から一七日にかけて、短期専門家として派遣された井関正裕弁護士（元裁判官、共同研究会委員）と関根澄子法総研教官（判事補からの出向者、共同研究会委員）とによる現地セミナーが、裁判官養成学校で開催された。セミナーでは、法の統一的な適用のための判例制度、監督審の果たすべき役割等について、日本側ワーキンググループが作成してみた監督審決定を用いるなどして意見交換が行われている。

今後は、長期専門家によるワーキングセッション、小規模（研修員三ないし四名、期間一週間程度）の本邦研修、現地セミナーが予定されており、日本側とベトナム側ワーキンググループとによる共同提言を作成して、最高人民裁判所の裁判官評議会に提出することを目標としている。

第6節　フェーズ3の評価

1　フェーズ3の終了時評価によれば、終了時評価の時点における成果達成度については、次のようにまとめられている。

(1)　サブ・プロジェクトA

サブ・プロジェクトAでは、前述（第1章第2節）のように、R／D上、①改正民法の最終法案の起草、②民事訴訟法及び倒産法の最終草案の起草、③知的財産関連法規に関する基礎知識の習得及び改正民法と整合した草案の起草、④民法に関連する法案（不動産登記法、担保取引法令、国家賠償法、判決執行法）準備の促進の四つが目標とする成果として掲げられている。

①については、改正民法が二〇〇五年五月一九日にベトナム第一一期国会第七回本会議で可決成立し、二〇〇六年一月一日から施行されており、達成済みである。

②については、民事訴訟法、企業倒産法がいずれも二〇〇四年五月に国会で可決成立し、二〇〇五年

一月一日から施行されており、達成済みである。

③については、知的財産法が二〇〇五年一一月に国会で可決成立し、二〇〇六年七月から施行される予定であり、達成済みである。なお、この法律については、アメリカが中心的に支援をしてきており、本プロジェクトによる支援は側面支援的位置づけであった。

④のうち不動産登記法については、民法草案の作成と度重なる改訂作業でカウンターパート側が多忙であったことなどから活動が遅れており、法目的及び適用範囲を巡って土地法や住宅法との調整で紛糾し二〇〇五年の国会本会議への草案提出が見送られたことから、本プロジェクト終了時までに最終草案は完成できないと見込まれている。ただし、ベトナム司法省からは、この法案に関わる動向をベトナム側立法関連部局職員の法案起草能力向上の観点から肯定的にとらえるべきとの意見が出されている。

担保取引法令に関しても、不動産登記法の起草を優先させたことから本プロジェクト期間内における最終草案提出は困難と見られている。

国家賠償法は、ベトナム側の要望で支援対象とされたが二〇〇五年後半にようやく活動が開始した段階であり、立法スケジュール上も後順位であるため、本プロジェクト期間中における最終草案起草は到底見込めない。

判決執行法は、民事執行の手続部分についてのみ支援を行うこととしているが、判決執行法全体の立法指針について確たる方向性が定まっていない状況であるので、判決執行制度の動向について注目しているカナダ、アメリカなど他ドナーの執行実務面改善のプロジェクトと連携しながら、法案起草の支援を続けている。

経済統合に向けた法的枠組みに関する研究活動については、この活動は主として基礎研究のための情報提供であるから、活動目的は十分に達成している。

(2)　サブ・プロジェクトＢについては、Ｒ／Ｄ上、①統一的な新規法曹養成機関の設立を視野に入れ、その機関を構成することになる既存の研修機関のトレーニングプログラムや教材が改善されること、②判決様式が標準化され、すべての法曹にとってアクセス可能な判例情報が整備されること、③ハノイ国家大学法学部における学生が日本法についての理解を深め、日本を専門とする講師が訓練されることの三つが目標とする成果として掲げられている。

①については、法曹三者共通カリキュラムは二〇〇五年一〇月の段階で完成した。現在国家司法学院は同共通カリキュラムに基づいて、民法、民事訴訟法、民事事件解決技能、刑事事件解決技能の四教科書を執筆中である。このうち民事事件解決技能と刑事事件解決技能の二冊については二〇〇六年六月三〇日までに完成できる見込みであるが、民法と民事訴訟法の二冊に関しては、改正民法が成立して間がないこと等の事情により、二〇〇六年六月三〇日までの完成は困難な見通しであり、協力活動の継続が必要である。

運営指導調査後活動に加えられることになった検察官マニュアルについては、草稿ができあがり、意見聴取のワークショップも終了したことから、現在最高人民検察院の上層部による校閲中であり、二〇〇六年六月末までに印刷が終了し、ベトナムで初めての検察官向けマニュアルが完成し配布されることが期待されている。ただし、そのマニュアルを用いて行われる地方の検察官に対する研修（普及活動）については、二〇〇六年六月末までには実施できないと見込まれる。

②については、サンプル判決書付きの判決書マニュアルは二〇〇六年五月中に上層部の許可を得て六月に印刷発注にこぎ着けられると見込まれている。ただし、このマニュアルを用いて行われる予定の地方の裁判官に対する研修については、二〇〇六年六月末までには実施できないと見込まれる。判例整備については、二〇〇六年六月末までに判例整備に向けた監督審判決の改善及び判例編纂方法の確立までこぎ着けることは困難と見られる。

③については、二〇〇四年九月にハノイ国家大学法学部の「法学士（日越法学）課程」の一部として「日本法講座」が正式に開設され、第一期生、第二期生が教育を受けており、学生の日本法に対する理解は十分に進んでおり初期の目標を十分に達しているが、講師の育成については現在なお一名にとどまり不十分である。

なお、法学課程は、プロジェクト終了時にハノイ国家大学と日本の大学との大学間協定へ移行して継続することが予定されており、この移行がスムーズに行われることが本講座の継続性を確保する鍵となる。大学間協定への移行については、特に中央大学が積極的に国内で準備をしているものの、他の大学の対応を含め、国内体制はまだ整っておらず、移行時期については慎重な検討を要する。

2　このようなフェーズ3の成果をどのように評価すべきであろうか。

二〇〇三年に改訂された政府開発援助大綱は、我が国のODA（政府開発援助）の目的を「国際社会の平和と発展に貢献し、これを通じて我が国の安全と繁栄の確保に資することである」とし、その基本方針の一つとして「開発途上国の自助努力支援」を掲げ、「良い統治（グッド・ガバナンス）に基づく開発途上国の自助努力を支援するため、これらの国の発展の基礎となる人づくり、法・制度構築や経済社会基盤の整備に協力することは、我が国ODAの最も重要な考え方である。このため、開発途上国の自主性（オーナーシップ）を尊重し、その開発戦略を重視する」としている。そしてこの目的及び基本方針に基づいて重点的に取り組む課題として「持続的成長」を掲げ、「開発途上国の貿易、投資及び人の交流を活性化し、持続的成長を支援するため、経済活動上重要となる経済社会基盤の整備とともに、政策立案、制度整備や人づくりへの協力も重視する」としている。また、外務省が二〇〇三年に改訂した「対ベトナム国別援助計画」は、「成長促進」、「生活・社会面での改善」、「制度整備」の三分野を対ベトナム援助の「三つの柱」としているが、そのうち「制度整備」は法整備支援もその対象としており、「市場経済化の基礎となる民法、民事訴訟法等の立法支援、司法制度の透明性確保に重点をおいた司法改革支援、法曹養成機関の機能強化による人材育成への支援に重点的に取り組むとともに、司法改革と関連して必要となる法律情報の整備・普及に係る支援を検討する」としている。

フェーズ3までに至るベトナムに対するこれまでの法整備支援は、まさにこれら我が国の方針と合致しているといえよう。フェーズ1、フェーズ2は、二〇〇四年一〇月五日には、JICAが実施する事業のうち、特に優秀な成果を収めた案件・事業に対して贈られるJICA賞の第一回受賞案件・事業となっているが、フェーズ3も同様に高く評価されるであろうことは間違いないであろう。

また、ベトナム政府は、二〇〇〇年にＪＩＣＡ（当時は国際協力事業団）等複数国の国際協力機関の支援を得て実施した「二〇一〇年へ向けてのベトナム法制度発展のための包括的ニーズ・アセスメント」の報告書（Report on Comprehensive Needs Assessment for the Development of Vietnam's Legal System to the Year 2010　ＬＮＡレポート）を二〇〇一年に発表しているが、これまでの我が国の法整備支援活動は、その付属書類である「二〇一〇年までにベトナムの法律教育を整備発展させるために必要な事項」（Needs for Perfecting and Developing Legal Training Activities in Vietnam up to 2010）で指摘されている、法曹の教育システムが複数の省庁の管理下に置かれていること、法律実務能力や専門的知識を磨き上げた質の高い専門家が不足していること、教科書等の質が低く社会経済の発展に即応していないことなどの欠点を克服しようとする、ベトナムの方針にも合致しているといえよう。また、前記ＬＮＡレポートの提言を受けたベトナム共産党中央委員会は、二〇〇五年五月二四日に「二〇一〇年までの法制度開発戦略及び二〇二〇年までの同開発指針」（第四八号決議、The Strategy for the Development and Improvement of Vietnam's Legal System to the Year 2010 and Direction for the Period up to 2020）を、

司法省リエン次官

二〇〇五年六月二日に「二〇二〇年までの司法改革戦略」（第四九号決議、The Judicial Reform Strategy up to 2020）をそれぞれ発表しているが、その中で提唱されている具体的な諸制度の改革には、民法などの立法の施行に関する諸制度の整備などに加えて、裁判制度の改革や検察制度の改革なども含まれており、これらの決議の方針にも合致しているといえよう。

フェーズ3の終了時評価は、一九九一年に経済協力開発機構（OECD、Organization of Economic Cooperation and Development）の開発援助委員会（DAC、Development Aid Committee）で提唱された開発援助事業の評価基準を基にするJICA事業評価ガイドライン（二〇〇四年二月改訂版）により妥当性、有効性、効率性、インパクト、自立発展性の五項目について行われているが、それぞれ「高かった」、「かなり高い」、「活動・投入の実績及び成果の達成状況を鑑みて高い」、「越国社会に広くプラスインパクトを与えている」「政策面では相当程度高いが、人的・財政・技術面については充分とはいえず、今後も引き続き外部からの支援が必要である」と評価している。

同終了時評価では、プロジェクト開始時における実施体制について、プロジェクト開始時より円滑なプロジェクト実施のために十分な体制となるよう日本側投入について考慮する必要があると提言されているから、次期プロジェクトについてはフェーズ3の延長された期間を利用してじっくりとその内容が検討され、プロジェクト開始時から直ちに実質的な活動ができるよう準備がなされることであろう。終了時評価の際の議論によれば、次期プロジェクトでは、フェーズ3までの市場経済化に適合した法制度の基盤構築という目標から、公正な社会を作るために「法の支配」を実現することを目標とする方向に進むことが検討されているようである。「法の支配」を実現するために必要な法曹三者の人材育成はその中心となるであろう。

法整備支援事業がベトナムに必要でなくなるときまで、このプロジェクトが成功のうちに続いていくことを望んでやまない。

第2章　ベトナムでの業務

本章では、まずハノイに滞在していた一年間を概観し（第1節）、次に前章で詳しく触れたフェーズ3の本来業務に関連するいくつかの業務に触れた（第2節）後、第3節以降で業務に関わるさまざまなことについて感じたことなどを述べることにする。

第1節　一年間の記録

五月二日（日）　ハノイ・ノイバイ空港到着。

五月三日（月）　メイ・デイ（五月一日）の振替休日。

五月四日（火）

　午前　プロジェクトオフィスにおいて、丸山専門家と打合せ。

　午後　司法省（MOJ）において、ヒエン（Nguyen Thuy Hien）担保取引局長と打合せ。

五月五日（水）

午前　住居探し。
午後　オフィスにおいて、スウェーデンからのドナーの訪問を受ける。

五月六日（木）
午前　JICAベトナム事務所において、プロジェクト担当者相馬厚氏と打合せ。
午後　オフィスにおいて、フランスからのドナーの訪問を受ける。

五月七日（金）
午前　司法学院（JA）において、ニュウ（Do Thi Huong Nhu）担当秘書と打合せ。
午後　携帯電話契約、名刺作成。

五月一〇日（月）
午前　JICAベトナム事務所において、着任オリエンテーション。
菊地文夫JICAベトナム事務所長表敬訪問。
午後　在ハノイ日本大使館表敬訪問。
JICAネットを利用して民法部会会合に参加。

五月一一日（火）
午前　司法省リエン（Hoang The Lien）次官表敬訪問。
午後　最高人民検察院（SPP）ガー（Khuat Van Nga）次長検事表敬訪問。

五月一二日（水）
午前　司法学院トゥ（Phan Huu Thu）学院長表敬訪問。
午後　ハノイ国家大学ニュアン（Mai Trong Nhuan）副学長表敬訪問。

五月一三日（木）
全日　オフィスで執務。
五月一四日（金）
午前　最高人民裁判所フォーン（Dang Quang Phuong）副長官表敬訪問。
午後　オフィスで執務。
五月一七日（月）
全日　オフィスで執務。
五月一八日（火）
全日　オフィスで執務。
五月一九日（水）
午前　司法省ガット（Nguyen Huy Ngat）局長表敬訪問。
午後　ＪＩＣＡベトナム事務所において、担当の仲宗根邦宏氏・相馬氏と打合せ。
夜　司法省歓送迎会。
五月二〇日（木）
午前　最高人民検察院（ＳＰＰ）において、理論研究所副所長モック（Vu Van Moc）氏と打合せ。
午後　オフィスで執務。
夜　最高人民検察院歓送迎会。
五月二一日（金）
全日　オフィスで執務。

五月二四日（月）
全日　オフィスで執務。
夜　最高人民裁判所歓送迎会。
五月二五日（火）
午前　在外セクター協議。
他ドナーとのランチョンミーティング。
午後　最高人民裁判所（SPC）において、裁判理論研究所副所長クォン（Ngo Cuong）氏と短期セミナーについての打合せ。
五月二六日（水）
午前　オフィスで執務。
午後　司法省（MOJ）において、ヒェップ（Hoang Phuoc Hiep）局長と打合せ。
五月二七日（木）
全日　オフィスで執務。
五月二八日（金）
午前　オフィスで執務。
午後　司法学院において、ニュウ氏と打合せ。
五月三一日（月）
午前　ドン・ダー裁判所で民事第一審の裁判傍聴。
午後　オフィスで執務。

六月一日（火）
午前　判決書標準化・判例集作成サブ・プロジェクトのワーキンググループメンバーに対する短期専門家のインタビューに同席。
午後　短期専門家のハノイ国家大学ハン（Bui Thi Thanh Hang）教授研究室訪問に同行。

六月二日（水）
全日　短期セミナー（判決書標準化・判例集作成サブ・プロジェクト）開催。

六月三日（木）
全日　短期セミナー（判決書標準化・判例集作成サブ・プロジェクト）開催。
夜　ハノイ国家大学ハン教授宅訪問。

六月四日（金）
全日　短期セミナー（判決書標準化・判例集作成サブ・プロジェクト）開催。
夜　最高人民裁判所（SPC）による短期専門家送別会。

六月七日（月）
午前　オフィスで執務（JAとの打合せの準備）。
午後　オフィスにおいて、香川公使と会談。

六月八日（火）
午前　国家司法学院（JA）において、トゥ学院長と打合せ。
プロジェクトオフィス歓迎会（昼食）。

午後　運営指導調査団対処方針会議。

六月九日（水）

午前　ハノイ国家大学において、キックオフミーティング。

午後　最高人民裁判所（ＳＰＣ）において、クォン氏と打合せ。

六月一〇日（木）

午前　オフィスで執務。

午後　電話会議による民法部会。

六月一一日（金）

午前　オフィスにおいて、ＳＰＣタイン（Tran Ngoc Thanh）氏と打合せ。

午後　オフィスで執務。

六月一四日（月）

午前　オフィスで執務。

午後　ＪＩＣＡベトナム事務所における平成一七年技術協力、平成一八年度無償資金協力課題別要望調査に関する説明会に出席。

六月一五日（火）

全日　オフィスで執務。

六月一六日（水）

午前　オフィスにおいて、事務所内ミーティング。

午後　ＪＩＣＡベトナム事務所において、運営指導調査の打合せ（ＪＩＣＡネット利用）。

六月一七日（木）
全日　オフィスで執務。
六月一八日（金）
午前　オフィスにおいて、最高人民裁判所（ＳＰＣ）タイン氏と打合せ。
午後　オフィスで執務。
六月二一日（月）
全日　オフィスで執務。
六月二二日（火）
午前　オフィスで執務。
午後　国会において、国会法律局長クィン（Nguyen Dinh Quyen）氏と打合せ。
国会事務所でドナーミーティング。
六月二三日（水）
運営指導調査
午前　オフィスで執務。
午後　オフィスで運営指導調査団と打合せ。
六月二四日（木）
運営指導調査
午前　オフィスで執務。
午後　司法省（ＭＯＪ）表敬訪問に同行、ＭＯＪと協議。

ＪＩＣＡベトナム事務所に表敬訪問。
夜　ＭＯＪ主催懇親会。

六月二五日（金）
運営指導調査
午前　ＭＯＪと協議。
ハノイ国家大学（ＶＮＵ）とランチミーティング。
午後　ＶＮＵと協議。

六月二七日（日）
運営指導調査。
午後　メリアホテルで運営指導調査団と打合せ。

六月二八日（月）
運営指導調査。
午前　最高人民検察院（ＳＰＰ）表敬訪問に同行、ＳＰＰと協議。
最高人民裁判所（ＳＰＣ）表敬訪問に同行、ＳＰＣと協議。
午後　国家司法学院（ＪＡ）と協議。
夜　ＪＡ主催懇親会。

六月二九日（火）
運営指導調査。
全日　合同会議。

夜　ＳＰＣ主催懇親会。

六月三〇日（水）

運営指導調査。

午前　オフィスで執務。

午後　ミニッツ署名式に立会。

七月一日（木）

運営指導調査。

午前　オフィスで執務。

午後　日本大使館への報告に同行。

ＪＩＣＡベトナム事務所への報告に同行。

七月二日（金）

全日　オフィスで執務。

七月五日（月）

午前　オフィスで執務。

午後　判決書標準化・判例集支援サブ・プロジェクトの国内ワーキンググループ会合にＪＩＣＡネットを使って参加。

七月六日（火）

午前　オフィスで執務。

午後　民法部会に電話会議システムを使って参加。
七月七日（水）
午前　オフィスで執務。
午後　オフィスにおいて、オーストラリアからのドナーの訪問を受ける。
七月八日（木）
午前　香川公使の労働裁判所の調査に同行。
午後　オフィスで執務。
七月九日（金）
全日　オフィスで執務。
七月一二日（月）
全日　オフィスで執務。
七月一三日（火）
全日　オフィスで執務。
七月一四日（水）
全日　オフィスで執務。
七月一五日（木）
全日　オフィスで執務。
七月一六日（金）
全日　オフィスで執務。

七月一九日（月）海の日で休み。
七月二〇日（火）
　午前　オフィスで執務。
　　アジア開発銀行（ADB）とランチミーティング
　午後　山下哲雄業務調整員の空港出迎え。
七月二一日（水）
　全日　オフィスで執務。
七月二二日（木）
　午前　オフィスで執務。
　午後　最高人民裁判所（SPC）において、クォン氏と打合せ。
七月二三日（金）
　全日　オフィスで執務。
七月二六日（月）
　全日　オフィスで執務。
七月二七日（火）
　全日　オフィスで執務。
　　他ドナーとのランチョンミーティング。
七月二八日（水）
　午前　国家司法学院（JA）において、ニュウ氏と打合せ。

午後　オフィスでサンフランシスコ大学の研究者の調査を受ける。

七月二九日（木）

午前　オフィスで執務。

午後　最高人民裁判所（SPC）において、クォン氏と打合せ。

七月三〇日（金）

午前　JICAネットを利用した運営指導調査団帰国報告会。

午後　オフィスで執務。

八月二日（月）

午前　短期専門家の最高人民検察院（SPP）理論研究所副所長モック氏表敬訪問に同行。

午後　司法省（MOJ）国際協力局副局長ロン（Le Thanh Long）氏表敬訪問に同行。

最高人民裁判所（SPC）裁判科学研究所副所長クォン氏表敬訪問に同行。

JICAベトナム事務所所長表敬訪問に同行。

八月三日（火）

午前　カウ・ザイ地方裁判所で民事第一審の裁判傍聴。

午後　国家司法学院（JA）トゥ学院長と短期セミナーの最終打合せ。

八月四日（水）

全日　短期セミナー（法曹養成機関強化サブ・プロジェクト）開催。

八月五日（木）

全日　短期セミナー（法曹養成機関強化サブ・プロジェクト）開催。
夜　法曹養成支援ベトナム側ワーキンググループ主催懇親会。

八月六日（金）
全日　短期セミナー（法曹養成機関強化サブ・プロジェクト）開催。
JAトゥ学院長主催昼食会。

八月九日（月）
午前　オフィスで執務。
午後　オフィスにおいて、最高人民裁判所（SPC）タイン氏と打合せ。
民法部会に電話会議システムを使って参加。

八月一〇日（火）
全日　オフィスで執務。

八月一一日（水）
午前　オフィスで執務。
午後　オフィスにおいて、財務総合政策研究所のプロジェクトで来られた大学教授等と打合せ。

八月一二日（木）
午前　オフィスで執務。
午後　ベトナム投資の調査に来た弁護士を空港に出迎え。

八月一三日（金）
全日　同弁護士に同行してベトナム国際法律事務所（VILAF）訪問。

八月一六日（月）
午前　オフィスで執務。
午後　オフィスにおいて、香川公使、藤川久昭青山学院大学助教授と懇談。
八月一七日（火）
午前　カウ・ザイ地方裁判所で刑事第一審の裁判傍聴。
午後　オフィスで執務。
八月一八日（水）
午前　最高人民裁判所（ＳＰＣ）においてクォン氏と打合せ。
午後　オフィスで執務。
八月一九日（木）
午前　オフィスで執務。
午後　判決書標準化・判例集支援サブ・プロジェクトの国内ワーキンググループ会合にＪＩＣＡネットを使って参加。
八月二〇日（金）
午前　オフィスにおいてＳＰＣタイン氏と打合せ。
午後　オフィスで執務。
八月二三日（月）
午前　司法省（ＭＯＪ）において、ゴック氏、クィン（Quach Thuy Quynh）氏（国家司法学院（ＪＡ））と打合せ。

午後　オフィスで執務。

八月二四日（火）

全日　オフィスで執務。

（オフィス昼食会）

八月二五日（水）

午前　オフィスにおいて、塚原前専門家（判決書標準化・判例集サブ・プロジェクト国内ワーキンググループメンバー）と懇談。

午後　電話会議システムを利用して法曹養成共同研究会会合に参加。

八月二六日（木）

午前　真鍋美穂子東京地裁判事ほかと最高人民裁判所（ＳＰＣ）などを訪問。

午後　オフィスで執務。

八月二七日（金）

全日　ＪＩＣＡネットを利用した角紀代恵立教大学教授（民法部会）とヒェン局長とのディスカッションに立会。

八月三〇日（月）

午前　名古屋大学松浦好治教授御一行の、司法省（ＭＯＪ）におけるガット局長との協議に同席。

午後　同教授御一行の、ハノイ法科大学におけるタム（Le Minh Tam）氏との協議に同席。

夜　ロック前司法大臣招待の夕食会に同席。

八月三一日（火）

午前　同教授御一行の、国会におけるマイン（Ngo Duc Manh）氏との協議に同席。
司法省ロン副局長との昼食会に同席。
午後　同教授御一行の、ＭＯＪにおける協議に同席。

九月一日（水）
全日　オフィスで執務。
九月二日（木）ベトナム独立記念日。
九月三日（金）私用で休み
九月六日（月）～一三日（月）一時帰国。
九月一四日（火）
全日　オフィスで執務。
九月一五日（水）
午前　オフィスで執務。
午後　ＪＩＣＡベトナム事務所において、井崎宏次長と予算に関する打合せ。
九月一六日（木）
全日　オフィスで執務。
九月一七日（金）
全日　オフィスで執務。
九月二〇日（月）勤労感謝の日で休み。

九月二一日（火）
　午前　最高人民裁判所（SPC）において、クォン氏との打合せ及び法廷傍聴。
　　SPCとの昼食懇親会。
　午後　オフィスで執務。
九月二二日（水）
　午前　国家司法学院（JA）において、クィン氏と打合せ。
　午後　オフィスで執務。
九月二三日（木）
　全日　オフィスで執務。
九月二四日（金）
　全日　オフィスで執務。
九月二七日（月）
　全日　オフィスで執務。
九月二八日（火）
　全日　オフィスで執務。
　　他ドナーとのランチョンミーティング。
九月二九日（水）
　全日　オフィスで執務。
九月三〇日（木）

　　午前　オフィスで執務。
　　　住友建設の駐在員が来所。
　　午後　オフィスで執務。

一〇月一日（金）
　　午前　オフィスで執務。
　　午後　三菱商事の駐在員が来所。

一〇月四日（月）
　　全日　オフィスで執務。

一〇月五日（火）
　　午前　オフィスで執務。
　　午後　ハノイ国家大学日本法講座の開講式に出席。

一〇月六日（水）
　　全日　法曹養成サブ・プロジェクトの第九回ワーキングセッション。

一〇月七日（木）第五回アジア・ヨーロッパ会議（ASEM5）開催で休み。
一〇月八日（金）第五回アジア・ヨーロッパ会議（ASEM5）開催で休み。
一〇月一一日（月）体育の日で休み。
一〇月一二日（火）
　　全日　オフィスで執務。

一〇月一三日（水）
午前　オフィスにおいて、最高人民裁判所（ＳＰＣ）タイン氏と打合せ。
午後　オフィスで執務。
一〇月一四日（木）
全日　オフィスで執務。
一〇月一五日（金）
全日　オフィスで執務。
一〇月一八日（月）
全日　オフィスで執務。
一〇月一九日（火）
全日　オフィスで執務。
一〇月二〇日（水）
午前　オフィスで執務。
午後　ドナーミーティング。
一〇月二一日（木）
午前　最高人民裁判所（ＳＰＣ）において、クォン氏と打合せ。
午後　オフィスで執務。
一〇月二二日（金）
全日　オフィスで執務。

一〇月二五日（月）
　全日　オフィスで執務。
一〇月二六日（火）
　全日　オフィスで執務。
　　他ドナーとのランチョンミーティング。
一〇月二七日（水）
　全日　オフィスで執務。
一〇月二八日（木）
　午前　国家司法学院（JA）において、トゥ学院長と打合せ。
　午後　オフィスで執務。
一〇月二九日（金）
　全日　オフィスで執務。

一一月一日（月）
　全日　オフィスで執務。
一一月二日（火）
　午前　日越共同イニシアティブモニタリング会議に出席。
　午後　オフィスで執務。
一一月三日（水）

全日　オフィスで執務。

一一月四日（木）
午前　オフィスで執務。
午後　判決書標準化・判例集支援サブ・プロジェクトの国内ワーキンググループ会合にＪＩＣＡネットを使って参加。

一一月五日（金）
午前　フランス民法二〇〇周年記念国際会議に出席。
午後　オフィスで執務。

一一月八日（月）
全日　オフィスで執務。

一一月九日（火）
全日　オフィスで執務。

一一月一〇日（水）
全日　オフィスで執務。

一一月一一日（木）
午前　オフィスで執務。
午後　インフルエンザ予防接種。
民法部会とベトナム側ワーキンググループとのＪＩＣＡネットを使ったワーキングセッションを傍聴。

一一月一二日（金）
午前　オフィスで執務。
午後　国家司法学院（ＪＡ）において、クィン氏と打合せ。
一一月一五日（月）
午前　司法省においてドナー会議。
午後　オフィスで執務。
一一月一六日（火）
全日　オフィスで執務。
一一月一七日（水）
全日　オフィスで執務。
一一月一八日（木）
全日　オフィスで執務。
一一月一九日（金）
全日　オフィスで執務。
一一月二〇日（土）
夕方　フォルチュナホテルにおいて、国家司法学院（ＪＡ）主催の「先生の日」を祝うパーティーに出席。
一一月二二日（月）
午前　オフィスで執務。

午後　電話会議システムを利用して法曹養成共同研究会会合に参加。

一一月二三日（火）
午前　法曹養成機関強化サブ・プロジェクトの第一〇回ワーキングセッション。
午後　国家司法学院（ＪＡ）において、通訳のミン（Vu Thi Hong Minh）さんと打合せ。

一一月二四日（水）
午前　三菱商事の駐在員が来所。
午後　オフィスで執務。

一一月二五日（木）
午前　オフィスで執務。
午後　司法省（ＭＯＪ）国際協力局上席専門官ゴック（Dinh Bich Ngoc）氏の母親の葬儀に出席。
　ＭＯＪにおいて開催された第一回ＪＩＣＡ賞授与式に出席。

一一月二六日（金）
全日　オフィスで執務。

一一月二九日（月）
全日　オフィスで執務。

一一月三〇日（火）
午前　オフィスで執務。
午後　佐々木直史長期専門家の、在ハノイ日本大使館香川公使・菊森佳幹一等書記官表敬訪問、ＪＩＣＡベトナム事務所長表敬訪問に同行。

一二月一日（水）
　午前　オフィスで執務。
　午後　司法学院（JA）会議室で執務。JAクイン氏と打合せ。
一二月二日（木）　私用で休み。
一二月三日（金）　私用で休み。
一二月六日（月）
　全日　オフィスで執務。
　　国会事務所でドナーミーティング。
一二月七日（火）
　全日　オフィスで執務。
　　他ドナーとのランチョンミーティング。
一二月八日（水）
　午前　佐々木長期専門家の最高人民裁判所（SPC）クォン氏表敬訪問に同行。引き続きSPCにおいてクォン氏と打合せ。
　午後　判決書標準化・判例集支援サブ・プロジェクトの国内ワーキンググループ会合にJICAネットを使って参加。
一二月九日（木）
　全日　オフィスで執務。
一二月一〇日（金）

午前　オフィスで執務。
一二月一三日（月）
午後　国家司法学院（JA）会議室で執務。
全日　オフィスで執務。
夜　大使館（香川公使、菊森一等書記官）との懇親会。
一二月一四日（火）
全日　オフィスで執務。
一二月一五日（水）
全日　オフィスで執務。
一二月一六日（木）
午前　オフィスで執務。
午後　JICAベトナム事務所において、JICAネットを用いた進捗状況会議。
一二月一七日（金）
午前　オフィスで執務。
午後　オフィスで、佐藤安信名古屋大学教授と懇談。
一二月一八日（土）
午後　オフィスで執務。
一二月二〇日（月）
午前　オフィスで執務。

午後　ハノイ市裁判所で刑事第一審事件の法廷傍聴。
夜　司法省主催の法務総合研究所相澤恵一国際協力部部長の懇親会に出席。
一二月二一日（火）
全日　オフィスで執務。
一二月二二日（水）
午前　オフィスで執務。
事務所昼食会。
午後　国家司法学院（JA）において、法曹養成ワーキンググループのミーティングに出席。
一二月二三日（木）天皇誕生日で休み。
一二月二四日（金）
午前　オフィスで執務。
ベトナム国際法律事務所（VILAF）訪問。
午後　オフィスで執務。
夜　カウンターパートの関係者を招待したオフィスの忘年会。
一二月二五日（土）
全日　JAにおいて、民事訴訟法のセミナーに出席。
一二月二七日（月）
全日　最高人民裁判所（SPC）において、判決書標準化・判例公開サブ・プロジェクトの第五回ワーキングセッション。

一二月二八日（火）
午前　最高人民裁判所（SPC）において、判決書標準化・判例公開サブ・プロジェクトの第五回ワーキングセッション。
午後　オフィスで執務。

一月四日（火）
全日　オフィスで執務。

一月五日（水）
全日　オフィスで執務。

一月六日（木）
全日　オフィスで執務。

一月七日（金）
全日　オフィスで執務。

一月一〇日（月）
全日　オフィスで執務。

一月一一日（火）
全日　オフィスで執務。

一月一二日（水）
全日　オフィスで執務。

一月一三日（木）
　全日　オフィスで執務。
一月一四日（金）
　午前　住友建設の駐在員が来所。
　　大使公邸における新年賀詞交換会に出席。
　午後　オフィスで執務。
一月一七日（月）
　全日　オフィスで執務。
一月一八日（火）
　全日　オフィスで執務。
一月一九日（水）
　午前　オフィスで執務。
　午後　JICAネットを利用して法曹養成共同研究会会合に参加。
一月二〇日（木）
　全日　法曹養成機関機能強化サブ・プロジェクトの第一一回ワーキングセッション。
一月二一日（金）
　午前　オフィスにおいて、最高人民裁判所タイン氏と打合せ。
　午後　オフィスで執務。
一月二四日（月）

午前　判決書標準化・判例公開サブ・プロジェクトの第六回ワーキングセッション。
午後　オフィスで執務。

一月二五日（火）
午前　オフィスで執務。
午後　JICAネットを利用して判決書標準化・判例公開サブ・プロジェクトの国内ワーキンググループ会合に参加。

一月二六日（水）～三〇日　一時帰国。
一月三一日（月）～二月四日（金）
法曹養成機関機能強化サブ・プロジェクトの本邦研修に参加。

二月七日（月）
全日　オフィスで執務。
二月八日（火）～同月一一日（金）　テト（旧正月）休日。
二月一四日（月）
全日　司法省に挨拶回り。
オフィスで執務。
二月一五日（火）
全日　オフィスで執務。
二月一六日（水）

全日　オフィスで執務。

二月一七日（木）

全日　オフィスで執務。

二月一八日（金）

全日　オフィスで執務。

二月二一日（月）

全日　オフィスで執務。

二月二二日（火）

午前　法曹養成機関機能強化サブ・プロジェクトの第一二回ワーキングセッション。

午後　国家司法学院（JA）において、トゥ学院長と打合せ。

二月二三日（水）

午前　オフィスで執務。

午後　JICAネットを利用して判決書標準化・判例公開サブ・プロジェクトの国内ワーキンググループ会合に参加。

二月二四日（木）

全日　オフィスで執務。

JAトゥ学院長主催新年会。

二月二五日（金）

全日　オフィスで執務。

二月二八日（月）〜三月八日（火）一時帰国。

三月九日（水）
全日　オフィスで執務。

三月一〇日（木）
全日　オフィスで執務。

三月一一日（金）
全日　オフィスで執務。

三月一四日（月）
午前　オフィスで執務。
午後　中央大学佐藤恵太教授が引率された法科大学院生に対してプロジェクトの概要をブリーフィング。

三月一五日（火）
全日　オフィスで執務。
夜　ユネスコ（国際連合教育科学文化機関、UNESCO）主催の著作権法セミナーのレセプションパーティーに参加。

三月一六日（水）
全日　オフィスで執務。

三月一七日（木）

三月一八日（金）
全日　中央大学佐藤教授のラン・ソン視察に同行。
三月二一日（月）春分の日で休み。
午前　オフィスで執務。
午後　JICAネットを利用して民法共同研究会会合に参加。
三月二二日（火）
午前　オフィスで執務。
午後　JICAネットを利用して判決書標準化・判例公開サブ・プロジェクトの国内ワーキンググループ会合に参加。
三月二三日（水）
午前　オフィスで執務。
午後　JICAネットを利用して法曹養成共同研究会会合に参加。
三月二四日（木）
全日　オフィスで執務。
三月二五日（金）
全日　オフィスで執務。
三月二八日（月）
全日　オフィスで執務。
三月二九日（火）

全日　オフィスで執務。

三月三〇日（水）

午前　オフィスで執務。

午後　ハノイ外国語大学で日本のベトナムに対する法整備支援活動について講義。

在ハノイ日本大使館において、福島秀生一等書記官及び香川公使と要望事項調査に関して会談。

三月三一日（木）

全日　オフィスで執務。

四月一日（金）

全日　オフィスで執務。

四月四日（月）

全日　オフィスで執務。

四月五日（火）

全日　オフィスで執務。

四月六日（水）

午前　国家司法学院（JA）において、トゥ学院長と打合せ。

午後　オフィスで執務。

四月七日（木）

全日　オフィスで執務。

四月八日（金）
午前　最高人民裁判所（SPC）において、クォン氏と打合せ。
午後　オフィスで執務。
四月一一日（月）
午前　JICAベトナム事務所において、仲宗根JICA担当職員と打合せ。
午後　オフィスで執務。
四月一二日（火）
午前　司法省（MOJ）リエン次官に帰任挨拶。
午後　オフィスで執務。
四月一三日（水）
全日　判決書標準化・判例公開サブ・プロジェクトの第七回ワーキングセッション。
四月一四日（木）
午前　オフィスで執務。
午後　JICAネットを利用して判決書標準化・判例公開サブ・プロジェクトの国内ワーキンググループ会合に参加。
四月一五日（金）
全日　オフィスで執務。
四月一八日（月）私用で休み。
四月一九日（火）～二二日（金）

ダナン市、フエ市において、不動産登記法に関する現地調査。

四月二五日（月）

全日　オフィスで執務。

四月二六日（火）

午前　法曹養成機関機能強化サブ・プロジェクトの第一三回ワーキングセッション。

午後　オフィスで執務。

四月二七日（水）

全日　オフィスで執務。

夜　最高人民裁判所（ＳＰＣ）主催の送別会。

四月二八日（木）

全日　オフィスで執務。

四月二九日（金）

午前　ＪＩＣＡベトナム事務所菊地所長への帰任挨拶、昼食会。

午後　在ハノイ日本大使館への帰任挨拶

第2節　関連する業務について

1　ドナー交流

私がJICAから委嘱を受けた業務は、①カウンターパート機関との活動内容及び作業計画（各種投入含む）策定のための協議、②法曹養成機関の機能強化に関する支援、③判例様式及び判決起案マニュアル作成に関する助言、④大学での日本法講座設置に関する助言、⑤法律専門家として上記各支援を内容とするワークショップの実施、⑥他ドナー機関との援助調整協議である。

法整備支援の分野に限っても、ベトナムに支援を行っている外国の機関は、JICAのほか、国連開発計画（UNDP）、アジア開発銀行（ADB）、デンマーク国際開発庁（DANIDA）、スウェーデン国際開発協力庁（SIDA）、カナダ国際開発局（CIDA）、フランスのメゾン・ドゥ・ドロワや、前述のアメリカのSTARプロジェクト、オーストラリアのCEGプロジェクトなど、非常に多数に上っている。支援を効率的に行うためには、各機関がそれぞれ独自で支援を行うのではなく、それぞれが行っている支援の間に重複がないかどうか、あるいは矛盾しているような支援はないかといった事柄について調整などを行うことが必要である。もちろん法整備支援活動であるから、一切の重複を許さないというわけではなく、いくつかの支援により複数の国からの情報の提供を受け、ベトナム側でそれらを比較検討することにより自らの制度を選択していくということはかえって望ましいことであるし、現にサブ・

プロジェクトB－1の一年目はそのようにして得た情報からベトナム側でどのような法曹養成制度にしたらよいかを検討して総括レポートを作成したものである。そうはいっても同じような目的を持つ似た内容のマニュアルといったものを複数作成したのでは、限られた援助予算を有効に活用しているとはいえないし、カンボジアにおける法整備支援で現に発生したように、相互に矛盾しているかのような内容の法律が立法されてしまうといったことを防止するためにも、支援を行うドナー機関間の調整は必要である。

ベトナムでは、一緒にランチを食べ、その後それぞれの支援活動の状況について報告をするというドナーミーティングが、夏のバカンスやクリスマスといったシーズンを除いておおむね月に一回の割合で開催されている。会場はいつもプレス・クラブというイタリア料理のレストランの小部屋であった。主催をしているのはDANIDAのJOPSO（Joint Project Support Office）であった。毎回一五名ないし二〇名程度の法律専門家が出席するのだが、ハノイに常駐している専門家はデンマーク、フランス、アメリカ、日本など限られるため、出席者の顔ぶれは結構毎回のように変わってしまい、いつも簡単な自己紹介から始められた。そのあとそれぞれその月にあった活動や今後の活動予定などについて意見交換をするのが常であった。毎回約一時間半程度の時間であったので、多くの参加者が共通する話題がある場合には午後などにある程度まとまった時間を確保してドナーミーティングをすることもあり、私もDANIDAが整備したコンピュータネットワークについてその内容を紹介するミーティングに出席して、そのネットワークがサブ・プロジェクトB－2で利用することができるかどうかを検討したことなどがある。JOPSOが検討しているプロジェクト（フェーズ3）のマトリクスの中には、判例集の出版やウェブ上での公開に関する活動の「外部条件」として、JICAプロジェクトとの緊密な共働が必要であるとの記載がされているそうであるが、サブ・プロジェクトB－2で考えていたコンピュータネットワークによる判例データベースを最高人民裁判所は念頭に置いているのかもしれない。次期プロジェクトを検討するに当たってはやはり他ドナーとの調整も必要となってこよう。ドナーミーティングへの参加者は皆メールアドレスを交換してあったから、あまり多くの参加者が関係しない話題については電子メールや個別に会うなどして意見交換を行っていた。そのため、プロジェクトオフィスを訪れる他のドナー関係者も多かったし、その紹介ということで大学の法学研究者がプロジェクトオフィスに調査のため訪れることもあった。ハノイに常駐している法律専門家はドナーミーティングで皆知合いになる上、出かける場所も似ていたから、オペラ座にコンサートやショーを観に出かけたときなどに出会ったりして、飲食を共にするということもあり、ドナー間の関係はフランクに話し合える非常によいものであったと思う。

それぞれのドナーが主催して行う国際会議やセミナーには他ドナーを招待することも多く、サブ・プロジェクトAで関係のあったフランス民法二〇〇周年記念国際会議やユネスコの著作権法セミナーには私も参加させていただいたが、特にフランス民法二〇〇周年記念国際会議では、ベトナムにおける民法改正に関する発表の中で、日本の行った民法改正支援についても紹介されており、我が国が行っている法整備支援活動がフランスなど他の国からも一応評価されていることが窺え感慨深かった。

これらの他にも、ベトナムの国会事務所がドナーミーティングを主催して各国会会期に成立した立法についての解説と意見交換を行うという機会などもあり、ドナー間協力はベトナムにおいてはかなりうまくいっているのではないだろうか。

2 大学での講義

サブ・プロジェクトB－3のハノイ国家大学に対する支援については、前述（第1章第2節2）したように、いかなる支援を行うかについてフェーズ3の事前評価の際に明確に定まっていなかったため、プロジェクト一年目は日本側とベトナム側とでプロジェクトの内容についてまったく合意することができないままであった。ベトナム側は日本側がプロジェクトにかけられる予算の提示すらしないためどのようなプロジェクトをすることができるか分からないと主張し、日本側はプロジェクトの内容について合意できないから予算を見積もることができないと主張している状況であったのである。また、ベトナム側はフェーズ2で長期専門家がボランティアで行っていた日本法に関する講義を継続して欲しいしそれに対して予算化して欲しいと主張し、日本側はそのようなボランティア講義はフェーズ3プロジェクトには含まれていないと主張していた状況であったのである。私がハノイに着任したころは丁度そうした対立が絶頂に達していたときであり、日本側からは最終的にサブ・プロジェクトB－3にかけることができる予算の提示がなされ、それで何らかのプロジェクトが可能かどうかベトナム側の回答を待っているときであった。もし日本側が納得できる回答が得られなければサブ・プロジェクトB－3については運営指導調査でR／Dから削除することも検討するということで交渉に当たっていたので、非常に気まずい雰囲気の交渉であった。そうした状況の中、その後着任した森永専門家が見事に交渉をまとめ、ハノイ外国語大学などの日本語学科を卒業した者に対してハノイ国家大学の法学部の中に日本語で日本法を学ぶコースを設けることで合意ができ、一年目は長期専門家と日本語が理解できるベトナム人教官とで日本法の基礎を日本語で教え、二年目は日本から短期専門家として大学等の法学研究者の方に集中講義をしにハノイに来ていただくということになった。また必要なテキストについても、それまでは日本で市販されている基礎的な法律書をベトナム語訳して使用する予定でいたのを、長期専門家とベトナム人教官とで共同で作成するということになった。そうした交渉を行った経過から、サブ・プロジェクトB－3はもっぱら森永専門家が担当して、テキストブックを作成し、隔週で半日ずつの授業を行い、単位認定のための試験を行った。当初の予定とは相当異なる内容のプロジェクトになっており、担当していた森永専門家の苦労は大変なものであったろうと思う。

サブ・プロジェクトB－3の日本語による日本法講座に関しては当時在ハノイベトナム大使館公使としてハノイに滞在しておられた香川孝三神戸大学教授（現在）も大変関心を持っておられ、開講式でお祝いの言葉をいただいた。またその御縁で紹介していただいた有斐閣からは、サブ・プロジェクトB－3の趣旨に賛同していただき、日本法講座で学ぼうとする学生達に小六法を寄贈していただいた。学生達は皆日本からの支援に強く感動していたそうである。この講座の一期生として一二名の学生が、二期生として二二名の学生がそれぞれ受講をしており、日本語だけでなく日本法の知識を身に付けた卒業生達が、二〇〇七年以降日本企業などでその能力を発揮することが期待されている。

このサブ・プロジェクトB－3については、フェーズ3終了後は文部科学省の別のプロジェクトとして継続されるよう大学間協定の締結などの方法を模索しているところだそうである。聞くところによれば、名古屋大学もハノイ法科大学との間で日本語による日本法講座の設置について交渉を続けており、今後名古屋大学日本法教育センターがベトナムにも設立される予定とのことである。名古屋大学日本法教育センターは既にウズベキスタンに設置されており、それに続くものとしてベトナムにも設置されれば、今後法整備支援をするに当たっても、あるいは日本企業がベトナムに進出して経済活動をするに当たっても、非常に重要な役割を果たすことになるであろうと期待される。

このサブ・プロジェクトB－3とは別に、フェーズ2同様、ハノイ国家大学において長期専門家によるボランティアの日本法講座も行われた。

また、ハノイ国家大学とは別に、香川教授がハノイ外国語大学で行っていた「ベトナムにおける日本の国際協力」という講座に長期専門家が赴き、日本が行っている法整備支援プロジェクトについて解説するというような広報活動も行っている。

3　日本からの調査への協力・補助

ベトナムの法制度、法整備支援活動の現状、経済制度、投資環境などの調査のためにハノイを訪れる研究者の方や弁護士などの実務家の方の数は、さすがにハノイはベトナムの首都であるだけあって、結構な数に上る。そうした方々に、必要に応じて最新の情報を提供し、あるいは関係機関を紹介することも長期専門家の行っている業務の一つである。私が派遣されていた一年間の間にも名古屋大学、中央大学などの研究者、弁護士、法整備支援活動に関心のある裁判官、財務総合政策研究所の研究員などがプロジェクトオフィスを訪れたし、住友建設や三菱商事といった民間企業の方も、ベトナムの法制度や法整備支援活動の現状を知るためにプロジェクトオフィスを訪れた。調査対象がプロジェクトと関係がある場合には、その調査に付き添って情報収集を共に行って情報を共有することもあったが、ほとんどの場合は事前に調査事項が知らされることがなかったこともあり、プロジェクト活動の現状を説明する程度で終わることが多かった。そのため、あらかじめ調査事項を連絡してもらえれば、それなりに準備することができるのにと残念なことが多かった。

派遣されている一年の間、裁判をやっているとしばしば対立することもある法曹三者が一つの部屋で一緒に仕事をするという経験をしてみて、非常に新鮮な印象を受けた。また、短期セミナーでベトナムに来られた九州大学の川嶋四郎教授と一緒にワーキングセッションをした際、実務における運用は知っていてもその理論的な裏付けについてまで深くは知らない実務家としては、法学研究者の方々と協力し合って活動していかないと、法整備支援活動を行っていても、説得力に欠けているのではないかと感じた。法整備支援の分野は、まさに法曹三者と法学研究者とが協力して取り組んでいく必要のある分野であるということを実感して、派遣中はもちろん、それ以外のときにも、例えば電子メールを活用するなどして、法学研究者の方々などと情報をできる限り交流させることができたらと思っている。

4　弁護士事務所との交流

ハノイにある弁護士事務所で我がプロジェクトと最も交流があるのは、VILAF（Vietnam International Law Firm, http://www.vilaf.com/）である。弁護士二五人（うちハノイには一一人がいる。）を有する大事務所であり、ハノイとホーチミンに事務所を構えている。海外取引や投資関係を得意とする渉外事務所であるが、司法省の法律顧問も務めているということで、我がプロジェクトでは法律等の英訳が必要なときに利用したことがある。不定期ではあるが時折事務所を訪ねて情報交換をしており、サブ・プロジェクトB－1の関係でカリキュラムを作成している際には、実際のところ現在弁護士をしている人達は共通カリキュラムについてどのように考えているかを知るためインタビューを行ったことがある。その際は、弁護士になるために国家司法学院で学ぶ期間が六か月よりも長くなることは、学費もかかるし、大学法学部で既に学んだことの繰り返しになるから賛成できないという意見を述べていた。そのころは弁護士になるための修習期間が六か月間では短すぎるというフィールド・サーベイの結果が出ていたからおそらく共通カリキュラムは六か月間よりも延長されるであろうと考えていたので、どの程度の延長になるかはなかなか調整が難しいところであろうと感じられた。結局前述のように一八か月間で作成していた共通カリキュラムは最終段階で一二か月間に短縮されることになったが、おそらくは弁護士を多く養成しなければならないのに養成に要する期間がこれまでの三倍になるということに相当の抵抗があったのではないかと思われた。

時折食事を共にしたりする関係になることができたため、日本からハノイを訪問してくる企業等の関係者から弁護士を紹介して欲しいという依頼があった場合には紹介することも可能となり、非常に便利であった。

VILAF以外には、サブ・プロジェクトB－1のベトナム側ワーキンググループの中にはハノイ弁護士会の弁護士もいたことから、渉外事務所ではない弁護士事務所を見学したいという依頼などがあった場合には、そちらの弁護士にお願いすることが多かった。

5　法科大学院生・法学部生への情報提供

短期専門家として来られる法科大学院や法学部の研究者の方に同行して、あるいは調査のために来られる法学研究者の方に同行して、法科大学院生や法学部生がプロジェクトオフィスを訪れることが時々あったが、そうした場合に学生にプロジェクトの概要や法整備支援活動の魅力を説明したり、調査の対象となっている機関を紹介したりすることも、長期専門家として行っている業務の一つであった。

若いときには華やかな欧米に興味が向きがちであると思われるのに私がそうであったようにアジアの開発途上国に関心を持っている学生達、とりわけ将来法整備支援活動に関わってみたいという希望を持っている学生達に、法整備支援活動の現場の実態を知ってもらい、さらに関心を強めてもらえるとしたら、今後の法整備支援活動にとって非常に有益であると思い、プロジェクト活動に支障のない限りできる限りの協力をした。プロジェクトオフィスでは、私の帰国後には、法科大学院のエクスターン生を受け入れたりもしているようである。

知的財産権侵害の状況を調査に来られた中央大学の佐藤恵太教授とその学生に同行して、中国との国境近くにあるラン・ソンという町まで出かけたことがあるが、明らかに知的財産権を侵害しているのではないかというソニー製やサンヨー製と表示されたガスコンロなどが堂々と販売されている状況を見て、サブ・プロジェクトAの民法改正に関連して取り組んでいる知的財産権法制定といった法整備支援活動がまだまだ必要であると実感させられたものである。知的財産権に関しては、JICAは司法省ではなくNOIP（National Office of Intellectual Property of Vietnam）をカウンターパートとして、「知的財産権情報活用プロジェクト」を行っており、投資に際して知的財産権を保護することの重要性を考えると、このプロジェクトの成果も期待されるところである。

帰国後は、アジア法学会で知り合った先生などの依頼を受けて法科大学院の授業でベトナムでの体験を話したりなどもしているが、法整備支援に関わってみたいという学生が相当多く、また非常に熱意を持っていることを知った。裁判所の中にいるとほとんど学生と会って話をするという機会はなかったが、今回のベトナムへの派遣は、私にとっても活動の場を広げてくれる非常に良い経験であったと思う。

6　新規プロジェクト案件形成などへの関与

新しいプロジェクト案件の形成は、日本大使館を中心に、JICA事務所、JETRO（独立行政法人日本貿易振興機構）などによって設立される現地ODAタスクフォースという組織と相手国との協議によって行われる。これを補助するため、日本側に相手国の要望に関する情報を提供したり、日本側が理解しやすいような形での要望の仕方などの情報を相手国側に提供したりする業務も長期専門家には求められている。私が派遣されていた期間中にも何度か在ハノイ日本大使館の担当者と打合せをしたり、説明会に出席したりということがあった。

ただ、これまで私自身もアジア法学会で報告した際に指摘したし、法務省法務総合研究所とJICAとが開催している法整備支援連絡会でも指摘されていたことであるが、長期専門家が一年間あるいはせいぜい二年間程度という短期間で交替するという状況では、十分に相手国の要望を酌み取って新規案件に関わるのは難しい状況であったということができると思う。私自身、五月に派遣されて間もない六月に開かれた無償資金協力関係の要望調査などでは何をしたらいいのか把握できておらず、国家司法学院が日本からの無償資金協力による校舎建設について強い要望を持っていることを十分に現地タスクフォースに伝えられなかったように感じている。三年間程度のそれほど長くない期間なのであるから、長期専門家がプロジェクトの途中で交替するということはできるだけ避けるべきであろう。そうした指摘を受けてか、今回フェーズ3ではプロジェクトの総括を担当している森永専門家が少なくともプロジェクト終了までは任期延長となったようであるから、次期プロジェクトは十分にベトナム側の要望を酌み取った内容のものとなることが期待できると思っている。

第3節　プロジェクトオフィス

プロジェクトオフィスの部屋

私たちがフェーズ3で使ったオフィスは、ザー・トゥオン通りにあるノース・スター・ビルの五階に置かれていた。オフィスは一つのテーブルを囲んで八人程度が座れる小さな会議室と、専門家四人と秘書三人、雑用を担当する事務員の使う事務机が八つ置かれた執務室とから成っている。このオフィスにはフェーズ3開始後間もない二〇〇四年三月に移転した。それまでオフィスはダイウーホテルの隣にあるJICAハノイ事務所の入っているビルの中に置かれていたが、同事務所の拡張に伴って別のビルの部屋を借りたのである。このオフィスは最高人民裁判所（SPC）や最高人民検察院（SPP）に極めて近く、いずれも歩いてすぐに行ける距離にあったため、SPCやSPPとの打合せは非常にやりやすく、大変便利であった。また、オフィスにはADSLが導入されており、インターネットへの接続も比較的高速で快適であった。プロジェクトでは、このオフィスのほかに司法省（MOJ）の建物（とはいっても離れであるが）の中に一つ部屋を確保している。フェーズ2のころは、当時の法曹養成学校（LPTS）の中にも一部屋確保していたため、テキストブックの作成が始まると打合せの必要が増えるであろうと考えて、国家司法学院（JA）に一部屋再度貸してほしい旨を申し入れたが、専用の部屋を貸すことは難しいということで必要な際には会議室を使わせてくれることにな

プロジェクトオフィスのスタッフ

ったのは前述（第1章第5節）のとおりである。二〇〇四年一二月以降できる限り週に一度は国家司法学院の部屋で執務するようにして国家司法学院とのコミュニケーションを図るようにしたが、国家司法学院の建物は無線LANが完備しており、やや速度は落ちるもののインターネットも使えて便利であった。土曜の午後と日曜日は冷暖房が使えないため、そうしたときに仕事をする場合にはアパートメントの自室で行うほかなかった。

日本人スタッフは、裁判官、検察官、弁護士の長期専門家三人と会計等を担当する業務調整員の四人であるが、このような四人体制になったのは二〇〇四年一二月からである。フェーズ3で当初から予定していた弁護士の専門家がなかなか決まらなかったことと、プロジェクト一年目を経た後に行われた運営指導調査の際に法律家ではなく会計業務等に長けた業務調整専門家の必要性について日越双方の認識が一致し、業務調整員が派遣されることになったからである。

ベトナム人スタッフは、四人の秘書（ハー（Nguyen Thi Thu Ha　女性）、トゥイ（Nguyen Thi Phuong Thuy　女性）、タイン（Thanh Huynh Minh　男性）、トァン（Dang Tran Anh Tuan　男性））と掃除やコピー取り、給茶等の雑用を行ってくれる事務員一人（リエン（Dao Thi Lien　女性））から成っている。秘書のうち一人（トァン）はＭＯＪ内のオフィスに常駐しており、オフィスとＭＯＪとの連絡調整に当たっている。秘書の仕事は英語とベトナム語との間の通訳、翻訳が主であり、日本人専門家の日常の仕事は彼らを通じて行うことになる。カウンターパートが英語を解せないことから、彼らの仕事はプロジェクトにとって非常に重要な役割を果たしているわけである。

第4節　ＪＩＣＡネット

ＪＩＣＡネットというのはいわゆるテレビ会議システムであるが、プロジェクターでスクリーンに投影した画面を利用するため、多くの人が一度に画面を見て会議に参加することが可能である。おそらくＩＳＤＮ回線を二本分一度に使用していると思われ、画面の動きもスムーズで、会話をしていてもほとんど違和感がない。一度に三か所を同時につないで会議等を行うことが可能であるため、東京にあるＪＩＣＡのヘッドオフィス、大阪にある法務総合研究所国際協力部、ＪＩＣＡベトナム事務所を結んでよく利用したものである。私が派遣されたころが丁度ＪＩＣＡベトナム事務所にＪＩＣＡネットのシステムが導入されたころであり、二〇〇四年三月にハノイと大阪とをつないで行ったワーキングセッションが最高人民裁判所（ＳＰＣ）に好評であったことや使用料が不要であったことからベトナム側にも抵抗感が少なく、フェーズ3では頻繁に利用した。

これまで短期専門家としてハノイに派遣されたのはほとんど法学研究者か実務家（裁判官）であり非

常に忙しい方々ばかりであったことを考えると、JICAネットを利用しての会話はほとんど直接話をしているのと変わらないほどスムーズであったから、今後短期専門家がワーキングセッションやセミナーを開く場合にはJICAネットを利用することが非常に有効であろう。もっとも、短期専門家が来られる際には法廷傍聴やインタビュー調査などを併せて行うこともしばしばであり、短期専門家の方々に直接ベトナムを見てもらうことも意味のあることであろうから、すべてをJICAネットで代替することはできないであろう。それでも、短期専門家、ベトナム側ワーキンググループ双方の期日調整の困難さを考えると、JICAネットの利用は非常に有効な手段であろうと思っている。

また、フェーズ3では長期専門家の役割が重視されるようになったことは前述したとおりであり、今後も長期専門家の果たす役割はますます重要なものとなっていくと思われる。しかし、それを支える国内ワーキンググループの役割もまた重要であり、長期専門家と国内ワーキンググループとの意見交換による意思の統一もまた重要になってこよう。その意見交換の手段としても相互に顔を見ながら会話することができるJICAネットの利用はまた極めて有効である。現にフェーズ3の場合も、当初は電話会議システムを利用していたが、JICAネットが使用できるようになってからは、国内ワーキンググループとの意見交換はほとんどJICAネットを利用することとしたが、非常に有効であった。現在はADSLが導入された現地オフィスと国内（特に法務総合研究所やJICA）との意思疎通はもっぱら電子メールにより行われているが、将来的には、私がアパートメントで利用していたようにビデオチャットを用いることにより、より緊密に現地と国内との意思疎通が図れるようになっていくのではないかと思う。

第5節　法廷傍聴

ハノイに滞在していた間に、二〇〇四年五月三一日に民事第一審（相続事件）、八月三日に民事第一審（離婚事件）、八月一七日に刑事第一審（窃盗事件）、一二月二〇日に刑事第一審（薬物事件）と四回法廷傍聴する機会があった。日本から短期専門家の方などが来られたときに同行して傍聴したのであるが、日本にいると通常他の裁判官の法廷を傍聴する機会がないので大変興味深かった。また、ベトナムの訴訟運営を直接知る機会であり、法廷傍聴のあとには担当裁判官と懇談の機会を持ち、そこで傍聴したばかりの訴訟についていろいろと質問をすることもできたから、プロジェクトを進める上で非常に役に立った。特に、着任後間もない五月のうちに民事第一審の法廷を傍聴することができたことは有益であった。

民事訴訟の法廷

民事事件は離婚、相続などの人事関係が相当な割合を占めているということで、法廷を傍聴する事件もそうした事件であった。まだ民事訴訟法が施行される前であったから法廷には検察官の立会があり、裁判官一人、人民参審員二人、検察官一人が法壇上にいる風景は日本のものと全く異なっており新鮮であった。裁判官は白いシャツ、検察官は青いシャツを着用するように定められているようである。事件が人事関係のものが多いためということもあるのではないかと思うが、訴訟は日本の家事審判のイメージである。公判期日では証拠などが綴られた記録をもとに裁判官らが当事者にあれこれ質問し、当事者がその質問に答えるうち、弁論は終結し、約三〇分程度の合議の後判決が言い渡された。裁判官だけでなく人民参審員、検察官もかなり的確に質問しており、特に人民参審員は事件の内容を相当に理解しているようであった。後にハノイ旧市街のお茶屋さんで人民参審員をしたことがあるという店主の父親と話をしたことがあるが、裁判所に勤めていたことがあるなどそれなりに法律的な素養のある人が選ばれているようであり、法廷傍聴の際の印象に納得がいった。公判前に集められて検討された書証（当事者や証人の陳述書も含まれている。）でほぼ結論が見通せ、原本に基づいて言い渡さなくて良いのであれば、日本の刑事事件で情状のみが争点の事件であれば即日言い渡すこともあったから、三〇分の合議で判決することも可能であろう。もっとも民事訴訟法の制定により民事事件と同一の手続によることとなった経済事件や労働事件で複雑な争点のものが多く起きるようになってくると、今のような運用は難しくなってこよう。いずれの民事事件も傍聴していて予想したとおりの判決が言い渡されており、傍聴後に担当裁判官と懇談した際に結論に至った理由を聞いてみても私が考えていたのとほぼ同じ答えが返ってきたことから、ベトナムの裁判官の能力の高さが一応窺えた。派遣前に検討した判決書の記載からはベトナムの裁判官の能力はそれほど高くないかのように考えていたが、それは誤りであり、問題はその論理的な思考過程を判決書に書けないところにあると実感させられた。もっとも、法廷傍聴を行ったのはハノイ市内の第一審裁判所ばかりであり、噂では軍で功績のあった人が裁判官を務めている例も地方ではあるということであったから、地方の裁判官の能力レベルは低いのかもしれない。これに対し、傍聴した刑事事件の法廷では、自分が弁護している被告人に対する事件が第一審なのか控訴審なのかを誤っている弁護士がいたりしており、弁護士になる者に対する法曹養成教育の必要が実感できた。

二〇〇四年九月二一日には最高人民裁判所の法廷も見せていただいたが、その際は通訳を同行して傍聴をする許可を取っておらず、短時間の傍聴にとどまり、雰囲気は分かるものの話している内容などが分からなかったのは少し残念であった。

第6節　運営指導調査

フェーズ3では、プロジェクト開始後約一年が経過した二〇〇四年六月二三日から七月二日にかけて運営指導調査が行われている。フェーズ2の場合は一年ごとに翌年度の具体的計画を立てるとともに予算を組んでいたのに比べると、プロジェクト最初の一年間を振り返ってその後の二年間の予定を立てられる丁度いい機会ではある。ただ、予算がかかっているだけに、ベトナム側が運営指導調査のためにかけるエネルギーは多大なもので、私が派遣された五月から予算がほぼ確定した八月ころまでの間は、ほとんどプロジェクトの計画づくりだけで、実質的な活動に入ることはできなかった。プロジェクトが三年間というそれほど長い期間ではないことを考えるとまだロスが大きいということができるのではないだろうか。立法をする国会の動向を見ていなければならないサブ・プロジェクトAのような立法支援の場合と異なり、サブ・プロジェクトBのような人材育成支援の場合にはプロジェクトの案件形成の段階でもっと具体的な目標を立てるべきだったのではないかと感じられた。

国家司法学院がいつ設立されるか分からなかったサブ・プロジェクトB－1はともかく、判決書作成マニュアルや判決書サンプルについてほとんどその完成像が日本側とベトナム側とで共有されていなかったサブ・プロジェクトB－2や、どのような内容の課程をハノイ国家大学に設けるのかまったくそのイメージが共有されていなかったサブ・プロジェクトB－3については、フェーズ3の二年目（B－2）あるいは一年目（B－3）に行ったプロジェクトの成果の具体的な確定のための活動は、本来プロジェクトの開始前に行うべきことではなかったかと思われる。また、サブ・プロジェクトB－1の場合も、運営指導調査を行った後も支援対象のテキストブックを何にするかが定まらず、長期専門家とベトナム側とで交渉をすることになったが、運営指導調査の時点で既に日本側ワーキンググループとして組織されていたのは実務家委員による法曹養成共同研究会であったのだから、運営指導調査では、実務的なテキストブックについての支援をベトナム側が希望するかどうか、希望しないのであれば支援は難しいといった交渉をするべきではなかったかと思っている。

第７節　専門家派遣前研修

ＪＩＣＡの長期専門家として開発途上国等に派遣されることになると、国際協力活動、現地生活及び赴任前準備について必要な知識、情報を得るため、また、技術協力に必要な語学力の向上を図るため、専門家派遣前研修という研修を東京の市ヶ谷にある国際協力総合研修所という施設で受けることになる。私の場合、二〇〇四年四月二日から二一日までの約三週間にわたって一般研修を受けることとなった。（語学研修については免除されたが、後に山下業務調整員から聞いたところでは、外国語によるプレゼンテーションの方法など相当に実用的な語学研修を行ってくれるとのことであり、受ける機会が得られなかったことが悔やまれた。）

研修を受けることにより、我が国の経済・技術協力政策、ＪＩＣＡ事業の概要、国別・課題別アプローチの概念など国際協力活動の理解、技術協力プロジェクト概論、携行機材と供与機材、専門家の福利厚生など専門家派遣制度・諸手続の理解、赴任準備、健康管理、異文化理解など現地生活の理解などについて講義を受けることで派遣されるに当たって必要な基礎知識を身に付けるほか、技術協力分野で広く用いられているプロジェクト・サイクル・マネージメント（ＰＣＭ）という参加型の計画手法についてワークショップを行うことで技術移転やモニタリング、評価についての手法を身に付けることができる。派遣されるまでほとんど無縁であった国際協力の現場に赴くに当たって最低限必要な能力等を身に付ける得難い機会ということができよう。私の場合は丁度同時期に長期専門家として派遣される森永太郎検事と一緒に派遣前研修を受けることができ、派遣後のことについて打ち合わせる機会ともなったので非常に有益であった。

派遣前研修と並行して四種類の予防接種や健康診断を受け、現地で必要な書籍、機材等を購入するなど、四月一日に名古屋高裁の裁判官から派遣のために法務省法務総合研究所総務企画部付検事に転官してからの一か月は、極めてあわただしいものであったが、非常に充実していた。

第8節　調査出張

二〇〇四年四月一日付けで法務省法務総合研究所総務企画部付検事に転官し、派遣前研修等の準備が整い次第ベトナム社会主義共和国司法省に派遣される旨の内示を最高裁からいただいた後、裁判官から同様に派遣されていた前任の杉浦判事補がどのような活動をしているのか、同専門家との業務引継を主目的として、現地における法整備支援事業の状況を視察するとともに、派遣後の活動について現地専門家と打ち合せ、併せてベトナムの司法事情についても研究することを目的として、二〇〇四年三月二一日から二六日までの六日間、最高裁で法整備支援事業を担当している秘書課渉外第一係主任の秋本隆二氏とハノイに調査出張をする機会があった。

六日間の間に、支援対象機関である最高人民裁判所、最高人民検察院、司法省、国家司法学院、ハノイ国家大学などをまもなく帰国予定であった杉浦判事補と共に訪れ、派遣後プロジェクトを遂行する上でキーパーソンとなる主要メンバーと直接面会し、支援の進行状況を予め知ることができたことは非常に有益な機会であった。

また、この機会に、丁度そのころJICAベトナム事務所で利用が始まったJICAネットを用いて日本とつないで行った民事訴訟法立法支援のワークショップを見学でき、JICAネットの有用性を実感したことや、ドナーミーティングに出席する機会があって他の支援国のベトナムに対する法整備支援の全体像をかいま見ることができたことも非常に有益であった。

司法省　リエン次官

さらには、前任者がどのような生活をしているかを実際に見てくることができたことは、初めて海外で暮らすことに対する不安をなくしてくれることになった。

わずか三年間あまりのプロジェクトで三人もの専門家が交替で裁判所から派遣されることは効率が悪く、できる限り継続して関われるような配慮がなされるべきであると思うが、やむを得ず交替をしなければならないような場合には、相手方機関に対する配慮からも引継ぎの機会を設けるのが適当であろう。

第9節　四木会（エキスパート会）、ハノイ日本人商工会

四木会というのは、ハノイ周辺に派遣されているＪＩＣＡの専門家の集まりで、約七〇人の会員が所属している。三か月に一回原則として第四木曜日に会合を開くことからその名前が付いたようである。私が派遣されていた期間中は、毎回ホテルニッコーハノイで開かれていたが、その後会場を変えたと聞いている。会合では、最初に三〇分から一時間程度、専門家あるいはＪＩＣＡの職員などの講演を聴くなどし、その後夕食も兼ねた懇親会（立食パーティー）を行うというのが定例のようであった。私は、運営指導調査と重なってしまって参加できなかった六月の会合を除き、三回出席させていただいたが、日本ベトナム人材センターに来られている元ＪＩＣＡ職員の長期専門家、農協から派遣されている長期専門家、ＪＩＣＡ職員といった方々の講演を聴くことができ、法整備支援とは異なる分野でどのような開発援助がベトナムで行われているかを知ることができ、大変興味深かった。また、懇親会で様々な分野の方と知り合うことができたことも有益であった。長期専門家は、官公庁や大企業から派遣されている者を除くと、普段はまったく異なる仕事をしていたり、あるいは専門家としての仕事の公募があるのを待機していたりする人が多いことには驚かされた。長期専門家として派遣されると、在外勤務手当と併せて国内俸が支給され相当な収入になるが、帰国後の仕事が保障されている者と異なり、次の専門家としての仕事がいつあるか分からないという立場の人にとっては、国内俸はその待機期間の生活費の補填

という意味があるということであった。

フェーズ3では当初業務調整員という専門家をおいていなかったことから、検察官から派遣された長期専門家が会計などの業務を行っていたが、毎日のように銀行に足を運ばなければいけなかったり、会計帳簿をつけたりといった日常業務に追われ、法律家としての専門家業務を十分こなすことができないおそれが生じたため、運営指導調査の結果二〇〇四年七月から業務調整員をおくこととなったが、業務調整員の多くが青年海外協力隊を経験しており国際協力に通じていること、その配偶者はやはり赴任先で知り合う開発途上国の人であることが多いこと、業務調整員を派遣しているのはコンサルタント会社と呼ばれる会社であり、その中には、業務調整員の国内俸についての給与補填を受けるため、業務調整員としての派遣がＪＩＣＡに内定してから遡って雇用していたことにしたり、その場合の給与額を業務調整員本人に渡す分よりも水増しして申告したりする悪質な業者もいるといったような真偽のほどが明らかでないがありそうな裏話が聞けて、大変面白かった。

ハノイには日本人会という集まりはないそうで、ハノイ日本人商工会がその代わりの役割を果たしているという話であった。ハノイ滞在中に一度だけであるが、ベトナム戦争当時からハノイに住んでおられる商社マンの講演を聴く機会があったが、当時あれほどアメリカによる北爆がニュースになっていたにもかかわらず、ハノイ市内に落ちた爆弾はほとんどなかったことや、インターネットどころかファクシミリ等も使えず、毎日テレックスで日本の本社に情報を送ったことなど様々な話を伺うことができた。

ハノイ日本人商工会はその他に日本祭りなどを催して日本文化の紹介をしたりしていたが、残念ながら訪れることができなかった。もう少し時間があれば、あとで述べるように、日本の茶道の紹介などをやってみたかったものである。

第10節　通訳・翻訳

開発途上国で法整備支援を行う場合に大きな障害となるのは言語の問題である。最近は法学研究者の間でもアジア法や法整備支援についての関心が高まってきているから、将来は現地の言葉が理解できる法学研究者は多く生まれて来るであろうし、法整備支援に関心を持って勉強をする学生の中から現地の言葉が理解できる実務家が生まれてくることがあるかもしれない。しかし、現在のところ、おそらく日本の実務家で開発途上国の言語に通じている人はほとんどいないのではないだろうか。そこで、法整備支援を行う場合にはどうしても英語あるいは日本語と現地語との間で通訳や翻訳を行うことが必要になってくる。ベトナムのように大陸法系の成文法体系を持っている開発途上国に対して法整備支援を行う場合には、イギリス、アメリカといった判例法体系の国で用いられている英語とでは相当に異なった概念を用いることになるから、できれば日本語と現地語との通訳・翻訳が望ましいということができよう。

フェーズ2でセミナーやワーキングセッションを開く場合には、日本から通訳者を同行することが多かったようであるが、法律に関する事柄の通訳・翻訳ができるほどの日越通訳者は二名しかいなかったようである。ところが、フェーズ3の一年目に、現地専門家と司法省とのもめ事から、そのうちの一名について少なくともベトナム国内で司法省関係の通訳等には使わないでほしい旨の申入れがされてしまった。その結果、日本国内での通訳・翻訳にも事実上その通訳者にお願いすることが難しくなってしまい、その後日本国内での通訳・翻訳や日本からベトナムへの通訳者の派遣は一人の通訳者に限られることとなってしまった。幸い、フェーズ2の際に名古屋大学において日本語で法学博士号を取得したミン(Vu Thi Hong Minh)さんという女性が帰国してハノイ法科大学で講師をしていたので、私の派遣期間中、ワーキングセッションを開く際はもちろん、様々な資料等の翻訳をお願いする際など、通訳や翻訳を一手にお願いすることができたので良かったが、彼女に何かの理由で差支えがある場合などには、ハノイには法律用語を理解している通訳は他にいないため、ワーキングセッションの期日の変更を検討しなければならなかった。国家司法学院の一年目の総括レポートの和訳に一度別の通訳を利用してみたが、相当にレベルの低い翻訳しかできず、原文を理解するのが本当に大変であった。また、サブ・プロジェクトB－2で一年目に一六件の判決書を検討したが、日本で行ったその和訳のレベルが低く、法律用語の区別ができていないため、その判決書に対して行った指摘が単なる翻訳の誤りに過ぎないといったこともあった。今後法整備支援のプロジェクトを行う場合には通訳者の問題を十分考慮に入れるべきであり、場合によってはPDM（プロジェクト・デザイン・マトリクス）上の外部条件としておくことが必要であろう。

滞在中あまりに通訳の関係で苦労するので、いつもプロジェクトで通訳をお願いしていたミンさんにさらにお願いし、専門的な通訳ができる人を組織してもらえるよう会社（MISAKA Co., Ltd, 29/67 Vong

Thi, Lac Long Quan, Tel：04－753－9127, e－mail：vhminh gmail.com, http://misakacompany.com/, Tel（日本国内）：080－3617－5882）を設立してもらった。法律の分野はもちろんのこと、それに限らず医療関係などの専門的な通訳ができる人を確保しているとのことで、帰国後問い合わせたところでは比較的順調に経営しているようである。今後ますます日本とベトナムの交流は進むであろうし、日本の企業もたくさんベトナムに進出していくであろうことを考えると、プロジェクトとは別に個人的に行ったことではあるけれど、今後法整備支援をしていく上で必要な基盤の整備にもなったのではないかと思っている。

第3章　ベトナムでの生活

本章では、ベトナムで生活していて気が付いたこと、感じたことを思いつくまま述べることにする。

第1節　サービス・アパートメント

とりあえずハノイに赴任してからの一週間についてはヒルトンホテルの一室を予約してあったが、赴任してまずしなければならなかったのは住むところを確保することであった。もっとも、前任者がハノイを離れてから約一か月間長期専門家が一人だけになってしまう状況になってしまっていたため着任後すぐに仕事に取りかからねばならず、仕事の合間を縫って住居を探すことが必要であった。

ハノイで外国人が住むところというと、一戸建ての住居を借りて使用人を雇うという方法もあるが、サービス・アパートメントという家具などの備品や清掃などのサービスが付いたアパートメントを借りるのが通常のようであり、大使館に勤務している人やＪＩＣＡ職員、前任の専門家などもそうしたサービス・アパートメントを借りているようであったので、サービス・アパートメントを借りることを派遣前から一応考えていた。

着任が五月二日であり、翌日は振替休日で不動産業者も休みであったためどこの不動産業者を使うのがいいか考えていたところ、不思議なことにどこから聞いたのか滞在していたホテルに不動産業者から電話があり、空いている時間があればサービス・アパートメントを案内するという申出があった。その人が言うには当時派遣中であった専門家からの紹介だというのであるが、その専門家に尋ねると紹介した覚えはないというので、どうやって滞在しているホテルなどを知ったのかなどは未だに謎である。無料で案内してくれるというので、幸い予定が何も入っていなかった五月五日の午前中を利用して住居探しをすることにした。

当時JICAから与えられていた住居予算は、月額三八〇〇ドルであり、税金や共益費、家具等の使用料、サービス料などを除くすべてがこれでカバーされるということであったから、単身でハノイで暮らすために借りるのであればおそらくほとんどいずれのサービス・アパートメントを借りても十分なだけの予算であったと思われた。

現在はかなり外国人向けの賃貸住宅の供給が足りなくなっており、二〇〇四年一一月に佐々木専門家が着任したころには相当に長期間ホテルに滞在する必要があったほどであるが、私が着任した二〇〇四年五月の時点ではまだ即入居可の物件がいくつかあり、プロジェクトオフィスに近いハノイタワー、前任者が住んでいたダイウーアパートメントなどのほか一〇軒近い物件を見て回ることができた。一ベッドルームから三ベッドルームまで部屋の広さに違いはあるが、いずれのサービス・アパートメントもエアコンや洗濯機、電子レンジ、ダイニングテーブル等の基本的な家具、一日一回の清掃といったサービスに大きな違いはなく、フィットネス・ジムやスイミング・プールが付属しているか、それとも近隣のホテルのものを利用するか、庭があるかどうか、カーペットが敷いてあるかどうか、カーテンや家具のデザインの違いといった細かなところに差があるに過ぎなかった。いくつかのサービス・アパートメントを見た後に一軒一戸建ての賃貸住宅を見せてもらったが、使用人に支払う料金を考慮しても賃借料は相当安く、長期間住むのであれば、自分の好みの家具等をそろえてより快適に暮らすことができるであろうと感じられた。

アパートメントのあったソフィテルプラザ

検討の後に選んだのは西湖の脇に立つホテル・ソフィテル・プラザ・ハノイの四階から六階にあるソフィテル・アパートメントの二ベッドルームの部屋であった。広さは約九〇平方メートルで、主寝室にはバスタブとシャワーが付いているが、副寝室にはシャワーのみが付いており、ソファーセットのあるリビングにはDVDプレイヤーと大型テレビが置かれていた。窓からは西湖とチュックバック湖とが見渡せる眺めのいい六階の部屋（六〇六号室）であり、ハノイの中心部から少し離れているため、昼間でも静かである。プロジェクトオフィスに近いハノイタワー内のサービス・アパートメントも検討したが、市内中心部にあるため早朝からややうるさいのと、かつて刑務所があった敷地に建っているため、選択肢から外した。ソフィテル・アパートメントを選択した一番の理由は最も高速のインターネット回線の利用が無料で可能であったからである。高速インターネット回線が無料で利用できたことで日本の自宅にあるコンピュータとの間でｉＣｈａｔというソフトを利用したビデオチャットが可能となり、毎日自宅にいる家族との間で顔を見ながら自然に会話をすることが無料でできるため、もはや海外に単身赴任しているという気がしない状況にすることができたのは非常にうれしかった。部屋を一応決めた後に念のためＪＩＣＡの担当者に相談してみたところ、月額三六〇〇ドルという賃借料（内訳は純賃料三一四〇ドル、税金、三六〇ドル、サービス料一〇〇ドル）が、以前同じアパートメントを借りたＪＩＣＡ職員の場合と比べて若干高いのではないかという指摘をいただいた。そこで交渉してみたところ、賃料の値下げには応じられないが付属のサービスを増やし、朝食だけでなく一日につき一〇点までの洗濯料を含めることにするということになった。その結果、サービス・アパートメントには洗濯機も付属しているのだが、自分で洗濯する必要もなくなってしまい、極めて快適に暮らすことができた。ＪＩＣＡの住居手当の決め方が純賃料については自己負担がないことを交渉相手もよく知っていることから自己負担部分に関係のあるところでしか交渉してこないのであろうと感じたが、そうしてみると、住居手当の決め方が賃借する者にとっては安い部屋を借りようと考えるインセンティブがまったく働かない決め方であり問題があるのであろう。

　ホテルの建物の中にあるサービス・アパートメントであったため、フィットネス・ジムや美容室、マッサージ（市内にあるマッサージ店の中にはいかがわしいマッサージをする店もあると聞いたが、そうした心配をする必要がなく、ゴルフの後など便利であった。）、レストランの割引やルームサービスが使えて便利であったし、ハノイ唯一の冬でも泳げる全天候型スイミング・プールがあって運動不足になる心配がなかった。また、ホテルで開かれるベトナム人デザイナーによるファッション・ショーやボジョレー・ヌーヴォーを飲む会といったイベントに招待されるなど、招待がなければなかなか自分から出向いたりしなかったであろうイベントに参加することができたし、アパートメントのスタッフの心配りも行き届いており、中秋節やテト（旧正月）に月餅やバイン・テトなどのお菓子が届いたのはもちろんのこと、誕生日にも花束やケーキが届き驚かされた。帰国後も誕生日には電子メールでメッセージが届いているし、休暇でハノイを訪れる際には部屋を用意してくれたりしている。仕事を離れた場面で極めて快適な一年間を過ごすことができた理由の一つがこのアパートメントにあることは間違いのないところである。

アパートメントの賃貸借契約を交わした後に、セールス担当の人と昼食か夕食を一度一緒に取る機会があるというのが通例らしいが、アパートメントのセールス担当をしている人にとっては、高級なレストランで食事をする機会の一つとしてインセンティブになっているのであろうと思われるのが面白かった。

第2節　ベトナムの交通

1　前述したように、プロジェクトオフィスからやや離れた場所に住居を構えたため、毎日の仕事場への往復にはタクシーを使うことになった。これまで、タイ、シンガポールを始めとして、カンボジア、インドネシア、フィリピンなど東南アジアの国々をいくつか訪れているが、ベトナム特にハノイのタクシーは、料金メーターが完備しており、住所を運転手に伝えさえすればまず遠回り等されることなく目的地まで運んでもらえるので、夜中などに酔って寝てしまっていても安心で、非常に快適である。しかも、チケット制を利用することも可能で一か月分をまとめて支払えたから、小銭や小額紙幣を持ち歩く必要もなく便利であった。大手のタクシー会社の運転手は片言ながら英語が話せたから、観光に使っても目的地で定まった待機料金を支払いさえすれば待っていてもらえ、ことさら車をチャーターするよりもお得であった。

交通費としてかかったのは、アパートメントからオフィスまではだいたい三万三〇〇〇ドンないし三万五〇〇〇ドン（二三〇円ないし二四〇円）であったから、休日に食事のための外出や観光などで利用した分を含めても一か月のタクシー代は一万二〇〇〇円ないし一万三〇〇〇円程度であった。ハノイ市内の交通はオートバイが主であるから、タクシーのような自動車に乗っている限り安全であり、バイクタクシーは確かに値段的には安いが、安全を重視するならタクシーを利用するべきであろう。

2　プロジェクトでは、平日の午前八時三〇分から午後五時までの間、日系のロジテムという会社から一台車（日産セドリック）をチャーターしてあるため、勤務時間中の移動は通常このプロジェクトカーを利用することになる。チャーター料（ドライバーを含む。）は一日あたり三二ドルであった（走行距離は一日につき一〇〇キロメートルまでで、それを超えると一キロメートルあたり〇・三ドルが加算される。また、拘束時間が前記時間を超えると一時間につき四ドルが加算される。）。独立行政法人化に際し会計の透明化がさらに求められることになったため、通勤にプロジェクトカーを使わないようJICAの方針が改められたそうである。ドライバーのクォン氏はフェーズ1以来法整備支援プロジェクトのほぼ専属になっており、秘書のハーさん同様、これまでの専門家のことをもっとも詳しく知っている一人になっている。

短期専門家が来られる場合にも、訪問先が何か所にも及ぶ場合などにはそのたびにタクシーを確保することが不便であるため、一日車をチャーターすることも多かった。また、休日などに観光やゴルフでハノイから離れる場合などにも利用することがあった。ドライバーは一応英語が話せるため、観光のためにガイドを雇ったりする必要がなく、かえって安上がりであった。

3　ハノイでもっともポピュラーな交通手段はオートバイである。街角には多くのバイクが止めてあり、前を通り過ぎる人に声をかけている。セー・マイあるいはセー・オムと呼ばれており、ハノイ市内であればだいたいどこでも一万ドン（七〇円）以内で連れて行ってもらえるそうであるから、非常に気軽な乗り物であろう。おそらく目的地の住所さえ伝えればタクシー同様間違いなくそこへ連れて行ってもらえるであろうと思われるが、私は利用していないのでよく分からない。

前述したように、安全のためバイクは使わないようにしていたのであるが、ベトナム人の友人が遊びに誘いに来るときにはほとんどの場合バイクで迎えに来るので、何回かバイクの後部座席に乗ってハノイ市内を移動したことはある。ビア・ホイ（生ビール）を飲みに行こうとバイクに乗って誘いに来る友人の後ろに乗っていって大丈夫なのかしらと思いながらつきあったが、ハノイ市内はまだ車の数が少なかったためか、バイク同士であればそれなりに秩序を持って走っていることは分かったものである。ハノイ市内はヘルメットをかぶっている人もそれほどいない状況であるし、ましてや後部座席に乗る人の分まで友人がヘルメットを持っているというわけでもなかったから、暑い日など確かに気持ちはいいものの、安全のためには乗るべきではないと感じた。現に、帰国した後のことであるが、秘書のトゥイさんの親戚二人がバイクの事故でなくなったという連絡を受けており、交通事故は相当多い。

西湖の湖畔道路は深夜まで若いカップルや家族連れのバイクでにぎわっていたが、冷房のない家に住んでいる人が多いことを考えると、風を浴びながらバイクで走るのは、暑い夏のハノイでは夕涼みに丁度いいのであろう。バイクに乗っている女性達は皆長い手袋に帽子、マスクと厳重に日除け対策をしており、どうしても白い肌を保っていたいという女性心が窺われた。

バイクは一家に一台という制限が当時はあった（現在は廃止されている。）ので家族みんなでお金を出し合うのであろうが、日本で買うよりも高いくらいのバイクを多くのベトナム人が購入できるのが不思議であった。最近は排気量の大きなエンジンを搭載した五〇万円ないし七〇万円もするようなバイクも売れているそうであるから驚きである。

4 自転車

私の前任の杉浦判事補はハノイで自転車を購入し、町での移動に利用していたそうである。おそらくここ数年のハノイの交通事情の変化はものすごいのであろう。私が派遣されて以降の交通の状況を見ると自転車に乗っているのはまだバイクに乗れない高校生までであり、バイクが乗れる歳で自転車に乗っている人はほとんど見あたらなかった。また、交通事情の変化というと信号機の増加も著しかった。派遣された二〇〇四年五月ころはハノイ市内の信号機はまだ数えるほどであったのに、帰国する前の二〇〇五年四月ころにはかなり小さな交差点にも信号機が設けられ、新聞にも信号無視の罰金による収入が相当あったというような記事が載っていたことがある。そんなわけで私はとても自転車を利用する気にはなれなかった。あと数年もするとバイクに替わって自動車が交通の中心になるときが来るのかもしれない。

もっともこういう交通事情もハノイのような都会についてのみで、観光に出かけたりしたときに見た地方の町ではやはりまだ自転車による交通が中心のようで、バイクの数もそれほど多くはなかった。

自転車というと、ベトナムを縦断する自転車によるツアーというのもあるそうである。一〇日間ほどかけてホーチミンからハノイまでガイドと一緒にツーリングするツアーなどの案内を旅行会社で見たことがある。自転車が趣味という人は挑戦してみるのも面白いかもしれない。

5　汽　車

サパという観光地を日本から遊びに来た妻と一緒に訪ねるため、ハノイからラオカイまでの往復を利用したことがある。ヴィクトリア・エクスプレスという観光列車（普通の列車にヴィクトリア・ホテルに宿泊する旅行者専用の特別車が連結されている。）であったし、二人部屋を確保してあったので、往復とも夜行というきつい日程ではあったが、比較的快適であった。とはいっても、外観や内装は非常にきれいであるが、車台などは相当に古いものを利用しているらしく、かなりうるさいので熟睡することはできなかった。片道約一〇時間の行程であるから片道は夜行ではないように日程を組んだ方がいいのかもしれないが、金曜日の夜九時三〇分にハノイを出発して翌朝七時三〇分ころにラオカイに到着、その日はサパに宿泊して日曜の夜八時にラオカイを出発して翌朝五時ころにハノイに戻ってきて出勤するという日程がポピュラーである。ヴィクトリア・エクスプレスの場合、ハノイ駅には専用の待合室があり夕食後に駅に向かっても出発までのんびりと過ごすことができるし、遅い時間の出発ではあるが、列車には食堂車も付いているから夕食をそこでとってもいいかもしれない。朝食は食堂車で取ったが、おいしいフォーが食べられた。ハノイに戻る列車は朝非常に早い時間に到着してしまうが午前七時ころまでは部屋を使って休んでいていいことになっていた。しかし、ハノイ駅到着後特別車を切り離す作業などを行うため、ゆっくり寝ていられるというものではなく、早々にアパートメントに戻って休むことにしたが正解であった。

6　航空機

汽車は非常に時間がかかるため、ベトナム国内の長距離移動は航空機を利用するのが通常である。ベトナム中部にあるダナンやフエにフィールド・サーベイに出かけるときにも、あるいは中部や南部に観光で出かけるときにも航空機を利用した。

ノイバイ空港は、国際線と国内線と共用の空港であり、ハノイからは車で約四五分と近いので使いやすい空港であるということができる。ただ、オペレーションの方は決して高いレベルにあるということはできず、国内線であっても二時間前のチェックインが必要であるから、早朝便に搭乗する際などはかなり大変な思いをすることとなった。国内線であればそんなに早い時間にチェックインをする必要はないであろうと甘く見て、一度約一時間前に空港に着いたことがあるが、オーバーブッキングで苦労した。幸いその際はアップグレードしてもらえて大事に至らないで済んだが、それに懲りてその後は必ず二時間前には空港に着くようにした。しかし、午前一一時発のニャチャン便に搭乗しようと午前九時に空港に到着したところ、搭乗予定の便は既に午前七時に出発していたということもあったから、どうしても航空機の利用には一抹の不安がつきまとったものである。結局その際は、ハノイからホーチミン便に乗り、ホーチミンでニャチャン便に乗り継ぐことになったが、ホーチミンからのニャチャン便が最後まで空席待ちの状況であり、ニャチャンまでその日のうちに到着できるかどうかはらはらさせられた。

7 船

カンボジアに住む友人を訪ねるため、南部にあるチャウドックという町からカンボジアのプノンペンまでメコン川をさかのぼる船を利用したことがある。これもヴィクトリア・ホテルが所有するスピードボートであったからなかなか快適であった。ベトナムとカンボジアとの国境では、まずベトナム側で一度上陸して出国手続をし、船に戻って国境を越えたらカンボジア側で再度上陸して入国手続をするという航空機での国境越えでは経験できない出入国を体験することができたのも面白い経験であった。

純粋な交通手段としてではなく、観光の手段として船はよく使われている。有名なハロン湾はもちろんのこと、後述（第10節）のように手こぎの船や小さなエンジン付きのボートでのんびりと観光することができる観光地は結構多い。あわただしい日常から逃れてゆったりとした非日常的時間を過ごしたいというような場合には船の利用がおすすめであろう。

第3節　ハノイの四季

ベトナムの南部や中部では雨期と乾期という二つの季節しかないが、ハノイには日本同様四つの季節がある。

テトのころから四月ころまでが春であり、青空の見えない鬱陶しい天気が続く。毎日のように曇っていたり細かい雨が一日中降っていたりする。気温はそれほど高くならないが、寒いということもない。

もっぱらバイクで移動するハノイの人は春が嫌いであり、早く夏が来るのを待っている感じである。

四月の半ばになると、細かい雨は降らなくなり、日本の夕立のようなスコールが雷を伴ってやってくるようになって、夏が訪れる。スコールは三〇分くらいで止み、その後はカラリと青空が広がり、気温がどんどん上がって三〇度を軽く超えるようになる。したがって、スコールが来ると急いでカフェに入ってベトナムコーヒーを頼み、ドリップ式で出てくるベトナムコーヒーが全部カップに落ちるのをのんびりと待っていると、丁度雨が止むというくらいの感覚である。夏になると火炎樹など色鮮やかな花が咲きほこるようになり、確かに一年で一番きれいな季節である。ライチーなどの果物も出回るから、ハノイの人達がこの季節の訪れを心待ちにしていたことがよく分かる。六月末から七月初めころが最も暑い時期のようである。

一〇月になると雨はまったく降らなくなり、乾燥した非常に過ごしやすい秋がやってくる。暑過ぎも寒過ぎもせず、日本人にとっては最も快適な季節であり、観光でハノイを訪れるならこの時期が一番であろう。ハノイの人達が秋よりも夏を好むのは、おそらくバイクで移動するには夏の方が心地いいからではないかと思う。中部のフエあたりでは毎年秋に台風や大雨に悩まされているようであるが、台風がハノイを襲うことは極めてまれであるから、ハノイの秋は本当に快適である。

一一月の終わりころになると突然寒くなり冬になる。ハノイは大陸にあり、中国との国境付近にある山々から吹き下ろす風があるためなのか、沖縄よりもずっと南にあるにもかかわらず、コートやセーターが必要なほど寒くなる。プロジェクトオフィスの秘書達は毛皮のジャケットなどを着込んで出勤してきていたが、バイクで走るには風の吹き込まない毛皮が一番なのであろう。オフィスでは暖房が必要であり、夜間のベトナム語レッスンのために電気ストーブを買い込まなければならなかった。日本の寒さに比べればそれほどでもないのであろうが、東南アジアにある国というイメージから想像するよりはずっと寒いのである。

このように四つの季節にメリハリがあり、季節の移り変わりを実感できるのはハノイの魅力の一つであろう。

第4節　祝日、記念日

1　ベトナムの祝日は、太陽暦の新年を祝う一月一日、太陰暦の新年を祝うテト休日（太陰暦の一二月三一日から一月三日まで）、解放記念日である四月三〇日、労働者を祝福する五月一日（メイ・デイ）、建国記念日である九月二日の八日間であるが、これらの祝日が週末（土曜、日曜）に重なると平日に繰り越すことになり休日となる。テトの休日は最低でも四日間ということであるが、週末に重なることも多いから五日ないし六日間という長さになることもあるので、ベトナムでは最も長い休みが取れる機会である。そのため、地方からハノイなどの都会に働きに出てきている人達はほとんど帰郷してしまうので、市内のレストランや商店の大半は休みになってしまい、市内はこの時期にしか味わえない独特の雰囲気になるのである。テトはそうした一大イベントであるため、その準備は一か月近く前から始まるのであるが、その時期は丁度太陽暦のクリスマスや新年に当たることになってしまい、それはそれで欧米から多くの人がベトナムに来ていることもあってやはりお祭りムードとなるため、結局ハノイなどの都会では一二月からテトが終わる二月ころまでの間ずっとお祭りの雰囲気が続いているという状況になっているのである。その間はクリスマスパーティー、太陽暦の忘年会、新年会、太陰暦の忘年会、新年会といくつもの懇親会が企画されるので、業務の進行は極めて遅くなる。サブ・プロジェクトＢ－１の本邦研修（第二回）などは、当初テト期間中にかかる日程で計画がされていたところ、それでは参加希望者がいなくなってしまうということで国家司法学院から変更の申出があり、日程変更せざるを得なくなったほど、テトに対するベトナム人の想いは強い。一年に一回だけの親戚中が集まる機会ということで、家族を大切にするベトナム人にとっては非常に大きな意味を持っているのである。

テトの準備が始まるころになると、市内では実のなったキンカンの木やピンク色の花の付いた桃の木をバイクの荷台に乗せて走る姿をよく見かけるようになる。テトに玄関付近に飾るためのものであるが、日本の雛飾りでも同様の飾りが置かれているから、おそらく中国から来た風習なのであろう。ホーチミンなど南部では桃の花の代わりに黄色の花の付いた梅の木を飾るそうである。それぞれの家庭では、集まってくる親戚や友人をもてなすため、バイン・テトと呼ばれる餅などの料理を作るのに忙しいそうであるし、テトに備えての正月飾りを家に施すのも結構大変なようである。日本でも三〇年くらい前まではまだ正月が特別な意味を持っていたように思うから、そのころの感覚である。

テトの初日、つまり元旦は、家族で過ごすことになっているそうで、非常に静かであるが、二日目になると、一年の最初に会った人あるいは最初に家に来た人がその年の運勢を決めるということになっているそうで、できるだけ幸運をもたらしてくれる人を家に招待をすることになる。一年間に起こる良くないことを、最初に会ったからということで全部自分のせいにされてもかなわないので、招待がない限りはできるだけ他人と会わないように家にいるのがルールだそうである。私はテト期間中ハノイにいたのであるが、その風習のおかげで、ハノイ市内に住む三人の友人宅にそれぞれ招待を受けただけでなく、ハノイ近郊のフー・トー省やハイフォン市にある友人の実家にも招待されることとなった。テト初日は市内の多くの店が休みでアパートで過ごさざるを得なかったが、二日目からは迎えに来る友人のバイクの後ろに乗せてもらって友人宅を訪れたり、近くの寺に初詣に出かけたりとめまぐるしかった。

友人宅ではそれぞれ母親手作りの料理でもてなされるのだが、出身地方によって特徴があり、フー・トー省では豚肉料理、ハイフォン市では蛙肉料理とそれぞれに個性的であった。いずれの家でも居間にゴザを引いて車座に座って料理を食べ、ルア・モイ（Lua Moi）やネップ・モイ（Nep Moi）といった米あるいは餅米から作った蒸留酒を飲むことになるのだが、ウォッカ同様アルコール度数が約四〇度であるため、昼間から大量に飲むことになるのは結構大変ではあった。

ベトナムのテトでもお年玉を渡す習慣があるのだが、渡す相手はもっぱら子供ではなく老人である。新しい年を迎えてさらに年を重ねたことを祝福し、これまで世話になったことへの感謝を込めて渡すのだそうである。テト明けに新年の挨拶に出かけた司法省では、局長が部下にお年玉を渡しており、なかなか面白い風景であった。

テトは太陰暦によるため毎年時期が変わってしまうし、年度末で休暇を取りにくい時期でもあるため、なかなかその時期にベトナムを再訪することは難しいことではあるが、機会があればもう一度テトの時期に友人宅を回ってみたいものである。

2　休日にはなっていないが、太陰暦の八月一五日は中秋節であり、ベトナムでは子供を祝う日になっている。子供におもちゃを買い、月餅を食べ、秘書達はカウンターパートの担当者と相互に訪問しあうなど朝から職場の雰囲気も和やかであった。私が住んでいたアパートメントでも、支配人から月餅二個のプレゼントがあった。月餅は、月にみたてた卵の黄身が入っているのは共通であるが、餡などの味付けはお店によって異なっており、あそこの店のものがおいしい、いやこの店のものがおいしいなどとオフィス内でも盛り上がっていた。

また、アパートメント近くにある鎮国寺が見える西湖の畔には電飾された飾りがたくさん置かれ、着飾った子供を連れた家族連れが写真を撮れるようになっており、夜遅くまで多くの家族が訪れてきていた。この電飾された飾りは少しずつ形を変えてクリスマスやテトなどにも出されていたが、四季のあるハノイでは中秋節のころが西湖畔を散歩するのに一番適していたように思う。六月一日も子供の日であり、大人は子供にプレゼントをあげることになっているそうである。

三月八日と一〇月二〇日は女性の日である。三月八日は国際婦人デイであるが、一〇月二〇日はベトナム特有の女性の日である。女性の日には、男性から女性に花をプレゼントすることになっているということで、我がプロジェクトオフィスでも、日本人専門家四人と男性秘書二人とで、日頃お世話になっている女性秘書やら司法省の女性担当官やらに花束をプレゼントしていたものである。この日には、女性は家事をしなくていいのだそうで、旦那さんが料理をするとのことであった。ベトナムには二日も女性の日があるが、それだけ女性が特別に大事にされているというわけではなく、農業国なので普段の仕事がそれだけきついとみるべきなのであろう。

一一月二〇日は先生の日である。学校などでお世話になった先生に対して花を贈ることになっている。国家司法学院では、毎年この日にパーティーを開き、元教官であった方々を招待して花などをプレゼントするという会を開催しているそうである。国家司法学院のプロジェクトに関わっていることもあり、我がプロジェクトには毎年そのパーティーへの招待状が来ることになっている。気軽なパーティーを想像していたところ、案に相違して極めてフォーマルなものであり、普段はネクタイを締めることはそれほどない国家司法学院の教官達も皆上着を着用してネクタイを締め、女性はアオザイ姿であった。国家司法学院は司法省の管轄下にあるため、現司法大臣、前司法大臣といった要職にある方も出席しており、先生に対する尊敬心が非常に高いというベトナムの実情を実感した。

第5節　冠婚葬祭

1

ハノイ派遣中の一一月一日、プロジェクトオフィスで秘書をしているトゥイさんの結婚披露宴に参列する機会があった。フェーズ1、フェーズ2でもそれぞれ一人ずつ秘書が結婚しているのだそうで、何か月も前から非常に楽しそうで仕事が手に付かないようであった。ベトナムの結婚披露宴は平日に行われることが多く、トゥイさんの結婚披露宴も平日に行われたことから、我がプロジェクトオフィスも昼休みを利用して全員で出席した。一一月ころは季候が良く、暑過ぎも寒過ぎもしない上に雨が降ることもないことから結婚シーズンだとのことである。パーティーは、トゥイさんの父親が陸軍に勤めているからということで、ヒルトンホテル近くのアーミーゲストハウスで行われた。受付近くにおられた親戚の方にお祝いを述べた後披露宴の会場に入ると、会場はかなり広い部屋でテーブルが並べてあり、到着した人から順次食事をし、新郎新婦と会話を交わし、写真を撮るなどして、帰って行くというスタイルであった。披露宴がいつ始まっていつ終わるかはよく分からない状態であり、日本の結婚式や披露宴とは相当に異なった趣であった。招待客は数百人に及ぶそうである。平日に行われるためということもあるのであろうが、女性はアオザイを来ている人もかなりいたが、男性の場合は特に招待されても普段着で気軽に訪れるのが普通のようであった。結婚披露宴の招待と聞き、ベトナムには礼服を持ってきていなかったことからわざわざアオザイを作って着てみたが、女性はともか

秘書トゥイの結婚披露宴

く、男性でそのような格好をしている人は他には誰もいなかった。聞くと、男性のアオザイはもはや地方の結婚式くらいでしか見られないということであり、日本の結婚披露宴でも、招待された男性が和服姿のことはほとんどないのと同じになっているのだなと思った。

2　同じ一一月の二五日、プロジェクトのカウンターパートである司法省のプロジェクト担当者であるゴック氏の母親が老衰で亡くなったということで葬儀に参列する機会があった。司法省の近くにあるお寺で開かれたのであるが、親族はまさに号泣しており、その感情表現の激しさに日本との違いを感じた。棺に横たわっている遺体に花などを手向けるところは同じなのであるが、棺に蓋がされると音楽が奏でられ焼香となった。その間親族は皆大きな声を上げて泣いている。声を上げて泣いている女性達の中には親族には見えない雰囲気の者もいたように感じたが、ひょっとしたら中国などで葬式に雇われるという「泣き女」なのかもしれない。見事なほどの泣きっぷりに文化の違いを感じさせられた。

第6節　ベトナム語

元々アジアに興味があったことから、大学では第二外国語に中国語を選択していた。中国語には四声と呼ばれる四つの声調があるが、ベトナム語にはこれが六つある。同じ発音でも声調が違うと全く違った意味の単語になってしまうから、まずもってこの六声を覚えなければいけないわけである。

ベトナム語の勉強はハノイでの生活に慣れた九月から、週一回約二時間の家庭教師による個人授業を受けるという方法で始めた。ハノイでは現在大学を卒業してもすぐに職に就けるというわけではない就職状況なので、大学を卒業しながらまだ就職していないいわゆる就職浪人生が先生である。私の先生はプロジェクトオフィスの秘書のハーさんが紹介してくれたハノイ国家大学を卒業したばかりの女性であった。したがって、家庭教師といっても私のアパートメントに来てもらうというわけにもいかないので、仕事が終わった後のプロジェクトオフィスの会議室を教室として使うこととしていた。

非常に熱心な先生で、二時間という約束で頼んであったのに、一回の授業でテキストの一章を進まないと気が済まないようで、二時間半続くのは当たり前で、時には三時間に及ぶこともあり、英語で行われていることもあり非常にきつかった。その結果、終わったあとはだいたいぐったりとしてもう英語を話す気になれず、日本語が通じる日本料理店で夕食を食べて帰ることが通例になった。その日に習った文法や単語でよくわからなかったことを、日本料理店の従業員に尋ねることができ一石二鳥でもあった。

週一回の授業で一回一〇ドルという約束であったが、あまりに熱心に授業してくれるので、ベトナムの習慣に従いテト前に一か月分のボーナスを渡したら非常に喜んでもらえた。

帰国するまで約八か月間続け、使っていたテキストを最後は駆け足ながらも学び終えたのだが、やはり発音が難しいのとなかなか新しい単語を覚えることができないのとで結局ほとんど会話ができるというほどになることはできなかった。

帰国後も、日本に留学しているベトナム人の大学院生にお願いして週に一回程度ベトナム語の勉強を続けてはいるが、なかなか時間を取ることも難しく、会話ができるようになるのはいつのことかという状況である。でも、もう一度ベトナムで働くことができる可能性がまったくないというわけではないであろうし、そのときには法律用語までは無理にしてもベトナム語で意思疎通することができたらと今でも思っている。

第7節　ベトナム茶

一九九六年ころに裏千家の教室に通い始めて以来茶道を趣味としていたこともあり、ベトナムに着いた当初はハノイにも裏千家の会員組織である淡好会があるであろうから、その会員と一緒に日本文化を広める活動をしようと考えていた。ところが問い合わせてみたところ、既に世界中に会員組織があるのではないかと思っていた裏千家淡好会もベトナムの首都であるハノイにはないという旨の話であった。茶道ではかねてから安南（今のベトナム）の陶器は珍重されており、ベトナムと茶道との縁は薄くないと思っていたので、非常に意外なことであり、また残念なことであった。

そんなわけで、日本の茶道をハノイで広めようという考えを実行に移すのは難しいかと思っていたのであるが、二〇〇四年六月二六日（土）にベトナム日本人材協力センター・ハノイ（VJCC）主催による「ベトナム茶の楽しみ方」なる講演・実演があったので、それに参加することにした。ベトナム茶愛好家クラブの会長であるチュオン・シュアン氏とその息子であるホアン・アイン・スオン氏によるものであり、同氏らの研究によるとベトナム茶は日本の茶道や中国茶と同様に古い歴史のある茶のいわば三大文化の一つであるそうである。しかし、見ている限りは中国茶とそれほどの区別があるという感じはせず、さすがはベトナム人という気位の高さが窺われるものであった。

質疑応答の時間に、ベトナム茶愛好家クラブというのはどこにあり、日本人など外国人も入会できるのかと聞いてみたところ、息子さんの回答は、「ベトナム茶愛好家クラブは父が始めたもので、うちの店（180 Yen Phu）でやっている。関心があるのなら来てください。ただし、今は改築中なので、改築が終わったら連絡する。」というものであった。もっとも、その後店は新しくなったらしいと言う噂を聞いたものの、結局その後帰国するまでの間に連絡はなかった。結構眉唾物のようである。

ただ、その際ロータスティー（蓮茶）の点前を記録してきたので、それを書いておくこととする。私は中国茶の点て方は知らないので比較することができないが、もしも中国茶に詳しい読者の方がおられたらその比較をしていただけたらと思う。

（ロータスティーの点前）

(1)　道具類

ベトナム茶を点てるのに用いる急須には一人用、二人用、多数人用のものがあるので、適当なサイズの道具を用いることが必要である。急須の材料としては陶器、磁器のいずれも用いられているが、これも点てる茶に応じて選択することが必要である。ベトナム茶は香りを楽しむものであり、長時間にわたって茶が点てられることにより急須に茶の香りが移るので、急須によって点てる茶を分けるべきである。色を楽しむ茶については内側が白い茶碗の道具を用いるべきであり、ロータスティーには白い磁器の急須、茶碗の茶器を用いることになっている。

茶器は、急須、急須を入れる小鉢、茶碗、茶碗を温める小鉢（蓋付きで蓋の上に茶碗が並べられるもの。）、茶さじ（木製又は竹製）、茶碗ばさみ、茶棒（茶葉が急須の先に詰まってしまった場合に用いる。）からなっている。以前は茶碗に直接急須から注ぐことはなく、いったん大振りの蓋付茶碗に注ぎそれから茶碗に注いでいたが、茶がぬるくなることを防ぐため、現在は直接小さな茶碗に注ぐようになっている。

湯は急須や茶碗を温めると共に茶を飲むのに十分な量が必要であるから、それが入るのに十分な大きさの陶器製の土瓶が必要である。以前は鉄瓶を用いていたが、現在は陶器のものを用いている。炉は石炭を用い、それに火をおこすために細い竹炭を用いる炭点前もある。

茶を点てる場所は、木の下、花の下など自然を味わえる場所が望ましい。鳥かごをつるして鳥の声を聴くのも好ましいものである。

(2)　茶

ベトナム茶は、緑茶ではなく、菊、ジャスミンなどで香りを付けて飲まれるものであり、その中でも蓮の花のおしべを用いるロータスティーは最高級の茶である。

ベトナム全土でロータスティーは作られているが、花が大きいハノイの西湖の周辺でとれる蓮で作るロータスティーが最高である。

スーパーマーケットで売られているティーバッグのロータスティーは本来のロータスティーとはいえない代物である。茶は茶筒に入れて準備する。

(3)　点前

①　まず小鉢に急須を置き、蓋をはずす。

急須に土瓶から湯を注ぐ。あふれるほど注いだら、蓋をしてさらに湯をかけ急須を温める。

急須を小鉢から出し、小鉢の湯を捨てる。

②　急須の蓋を開け、茶筒から茶さじを用いて茶葉を急須に入れる。

三人前で約四グラム程度の茶葉を用いる。

茶葉を入れる際には茶さじ等を立ててある尺立て状のものについている漏斗を用いる。

茶葉を入れたら漏斗は茶筒の上に伏せて置く。

③　茶葉の入った急須に湯を注ぐ。

湯を注ぐ際には、土瓶を下から上に上下させるようにして高い位置から注ぎ、香り高く茶が点つようにする（合理的な説明ではないので、どちらかというと見た目の芸術性が優先されているか？）。

なみなみと湯を注いだら急須に蓋をする。

通常の茶の場合は、一回目の湯入れは茶を洗うために行われるものであるから、直ちに湯は捨てられる（これを「高山長水」といい、二回目の湯入れを「下山入水」という。）が、香りを重視するロータスティーの場合、一回ごとに香りが失われることになってしまうので、湯を捨てることはしない。

④　急須の温度を保つため、急須の蓋の上から湯をかけ、茶葉が開き茶が点つのを待つ。

⑤　茶葉が開く間に、茶碗を準備する。

茶碗を温めるための小鉢の中に茶碗を置き、湯をかけて暖める。茶碗ばさみを用いて、暖まった茶碗を湯から出し、小鉢の蓋の上に一か所にくっつけて並べ、小鉢に蓋をする。

⑥　茶を急須から茶碗に注ぐ。

一か所に集めた茶碗の内のまず一個に注ぎ、その茶は急須に戻す（口の部分の茶は薄くしか出ていないため）。注ぎ口を回しながらすべての茶碗に均等に茶を注ぐ（急須の底の方の部分は濃く、上の方の部分は薄いため、茶碗に順に注いだのでは濃い茶碗と薄い茶碗が生じてしまうためである。これを防ぐために以前は大振りの茶碗にいったん茶を注いでいた。）。

⑦　亭主は、茶碗を両手で持ち、客に渡す。

茶碗は右手の親指と人差し指で持ち、中指を底に添えて支え小指を離す形で支える。この形を龍が玉を持つ形になぞらえ「三龍受玉」と呼ぶ。

茶碗の正面が客側に来るように茶碗を渡す。

亭主と客は共に丁寧に頭を下げる。亭主も茶を相伴する。

⑧　茶を飲む。

飲む前に右手に持った茶碗を目の前に掲げ、まず茶を目で楽しむ。

飲む際には、茶碗を回すようにして茶碗を持つ右手の裏を内側に向けながら、鼻の近くで香りを楽しみ、左手で口を隠しながら少しずつ飲む。

最初の一口はすぐに飲み込まず二、三秒は口の中に置き、香りを味わうようにする。その後も少しずつ飲む。

飲んでいる間は言葉を発することなく、茶の味を目、鼻、口で味わうようにする。

飲みきったら、感動を口にするように声に出す。
⑨ 続いて茶を飲む。
急須には何度も湯を注いでかまわない。

第8節 ゴルフ

ハノイに駐在している多くの日本人が休日に楽しむスポーツというと、テニスかゴルフということになる。たくさんの人が集まることができるのは週末ということになるから、必然的にテニス派とゴルフ派とに分かれているようである。

前任者からハノイでもゴルフができるという話を聞いていたことから、赴任に際してゴルフ道具を持って行っていたこともあり、生活が落ち着いた七月からゴルフを始めることとした。丁度海外経験が長くゴルフ好きな業務調整員がプロジェクトに加わったこともきっかけの一つである。当初は約一〇年前に止めたテニスを再開しようと知人からテニスラケットを譲ってもらったのだが、五月から七月ころのあまりの暑さになかなかコートに立つ気になれず、結局テニスシューズを手に入れる前に挫折してしまい、手に入れたラケットは帰国に際しプロジェクトの秘書にプレゼントすることになってしまった。

ハノイで毎月一回開かれるもっぱら日本人が参加しているコンペというと、JICAの職員や専門家が中心のJICA杯、日本大使館、JBIC（国際協力銀行）、JETRO、JICAの関係者が中心の4J会、ハノイ、ハイフォン近郊に駐在している日本人が中心の日本人会の三種類がある。また、ゴルフ場が開催するオープンコンペも時折開かれるから、それらに参加していると結構週末がつぶれ、運動不足にならないですむ。

派遣当初、ハノイ近郊には、車でおよそ一時間のドンモーというところにあるキングス・アイランド・ゴルフクラブの一八ホールしかなかったが、その後一〇月に同ゴルフクラブにさらに一八ホールのマウンテン・ビュー・コースがオープン（従来のコースはレイク・サイド・コースと名付けられた。）したのとほぼ同じころ、車でおよそ一時間半のところにチーリン・スターゴルフ・カントリークラブがオープンした。現在はさらに別のゴルフ場がオープンしているらしい。JICA職員から聞いた話では、私が派遣されていた期間でも、当初の一八ホールのときに約七〇〇〇ドルで購入したキングス・アイランド・ゴルフクラブの会員権がマウンテン・ビュー・コースオープンのころには一万五〇〇〇ドルで売買されている状況であったとのことであったから、ちょっとした会員権バブルの状況にあるのではないかと思われる。

ハノイ近郊のゴルフ場はいずれも当時一ラウンド八五ドル程度と決して安くはなく、往復の車の代金やキャディへのチップ五万ドンないし一〇万ドンを考えると結構な金額がかかるということもできるが、日本人が中心の前記コンペはいつも早朝から行われることもあり、一八ホールをスルーで回った後にクラブハウスで昼食を取ってアパートに戻るとさらに半日自由になる時間ができ、その週の報告書を書いたり翌週の準備をしたりするなど、非常に効率的に週末を過ごすことができて良かった。もっとも、コンペが早朝から行われるのは、私にとっては暑い日中の運動をしなくて済むこともあって非常にありがたかったが、多くの人が昼食後にもう一ラウンドするためであったようであるから、やはり開発途上国で仕事をしている人達は体力的にすごいという印象を持った。

新しくできたマウンテン・ビュー・コースはどのホールも距離が長かったので一二〇から一三〇のスコアで回っている私には非常にきつく、それまでドライバーを持っていなかったのに購入せざるを得なくなってしまったが、フェアウェイも広くのびのびとしたプレイをすることができた。それに比べるとレイク・サイド・コースは距離的には短いのだが、なかなか技巧的で難しいところがあり、いずれのコースも非常に面白いコースである。毎回できるだけ同じキャディを頼んでいたので、キャディが私の癖を覚えていてくれており、何回か回るうちだんだんスコアが良くなっていったのが非常に楽しかったものである。チーリンゴルフ場は、ハイフォンから近いため時折日本人会のゴルフコンペが開かれていたが、新しくオープンしたゴルフ場らしくキャディの愛想が良く、コースやクラブハウスも美しかったが、ハノイからやや遠いことやキングス・アイランド・ゴルフクラブ以上に難しいこともあって、それほど行くことはできなかった。

週末にゴルフ場に来ているプレイヤーはほとんどが日本人か韓国人であり、ベトナム人でプレイしている人はほとんどいなかったが、オープンコンペでは結構な数のベトナム人を見かけたから、多くのベトナム人プレイヤーはプレイ代の安い平日にラウンドしているのであろうと思われた。

日本にいるときは年に数回行くことができるかどうかというゴルフを月に何度もすることができたのはうれしいことであった。ＪＩＣＡや比較的付き合いのある日本大使館の方々以外にハノイ近郊で仕事をしている多くの日本人と知り合う機会を持てたことも、あまり裁判所以外の人と知り合う機会のない生活をしている普段の日本での生活と全く異なる良い経験をすることができたと思っている。

第9節　ハノイでの食事

アパートメントにはキッチンがあり、電子レンジや冷蔵庫、食器等自炊するのに必要なものはすべて揃っていたのであるが、もともと料理を作ることが苦手で、国内でも単身赴任しているときには毎日外食で過ごしていたということもあるし、せっかくベトナムという外国に住んでいるのだから地元で食べられる料理をできるだけ食べてやろうという考えから、結局自炊することは一度もなく、ほぼ毎日外食で過ごす生活となった。ベトナムの人は、朝は五時くらいに起き、朝食はフォーや粥などを外食ですませて仕事や学校に出かけ、昼食と夕食は家族揃って自宅あるいは外の食堂で食べるという人が多いので、早朝から夜まで外で食べるところに困ることはなかった。

また、国内にいるときも、「どうせ食事をするのであれば、おなかは一つしかないので、少しでもおいしいものを食べたい。」というのをモットーにしていたので、ハノイでも、評判がいい店があると聞くと、多少離れていてもタクシーに乗って出かけていた。そんなわけで、ハノイで食べられるいろいろな料理についての感想に加えて、食べ歩いた店の中でも気に入ったところの情報をここで紹介することとした。なお、前述のようにハノイのタクシーは住所さえ運転手に伝えれば目的地まで運んでもらえる。括弧内にできる限り住所を記載してあるのでご利用いただきたい。

ハノイの人は食べ物にうるさく、街角で天秤棒を担いで開いていたフォーの店が、その味の良さから評判になり、立派な店を構えるに至った話とか、立派で味が評判であった店が経営者と調理人の衝突から腕のいい調理人が止めるとまもなく閉店せざるを得なくなったという話をよく聞いた。あくまでも私がハノイに滞在していた期間に食べ歩いたときの印象を記載したにすぎないから、現在も同じかどうかは分からないし、既になくなってしまっている店もあるかもしれないが、ハノイに滞在する際の情報として有益なのではないかと思う。

1　ベトナム料理

ベトナム料理は、今や我が国でもブームになっており、それを本場で食べるのを目的としてベトナムを訪れる人も多い。我が国でベトナム料理のレストランを開いている方はもっぱら南部出身の人であるが、ベトナム料理はハノイのような北部と南部とでは香辛料の使い方などに大きな違いがあるため、ハノイでベトナム料理を食べると驚かれる方も多い。北部のベトナム料理は、胡椒や香菜（コリアンダー）といった香辛料やヌォックマム（ベトナム産の魚醤）を南部ほど使わないので、ベトナムが東南アジアに位置しているからといって南国の刺激的な料理を期待してくる方には物足りないかもしれないが、比較的淡泊で日本人が食べやすい上品な味付けである。また、日本でも有名なフォーだけでなく、ブン、バイン・ダー、フー・ティエウといった米の麺、ミエンという春雨、ミーという小麦の麺など麺の種類が非常に多く、麺類が大好きな私には大変ありがたかった。したがって、ハノイでは毎日ベトナム料理ばかり食べていても飽きることがなかった。

もちろんヨーロッパの高級レストランというほどにはいかないが、かつてフランスの植民地であった国だけに、高級レストランでの接客サービスなどの質も良い。また、そうした高級レストランとは別に一食一万ドン（約七〇円）ですますことができるフォーやブンチャーなどの大衆的なお店もたくさんある。風呂場の椅子のような背の低い椅子に腰掛けて、非常に安いランチを取ったりするのはベトナムにいることを実感できてなかなか楽しいのだが、ベトナム人のように昼寝をする習慣のない私では一時間半ある昼休みをもてあましてしまうことにもなるので、普段はもう少しゆっくりできるお店に入ることが多かった。高級店といっても一食約三〇ドルから一〇〇ドル程度、中級店であれば五ドルくらいから三〇ドルくらいまで、大衆店は一ドル以下から五ドルくらいまでという価格であろうか。中級以上の店ならベトナムドンがなくてもアメリカドルでの支払が可能である。高級レストランは予約が必要といわれているが、大人数でなく四人くらいまでなら、行けばテーブルがないということはなかった。

(1)　日本から来られた大事なお客さんを連れて行って間違いのない高級店、すなわち短期間のハノイ滞在で絶対はずれないベトナム料理店に行きたいということだと、その代表店はエンペラー（18 B Le Thanh Tong）であろう。中庭を囲んだ客席の雰囲気といい、料理の質といい、まず申し分がない。セットメニューを注文するのもおすすめである。シャンパン（モエ・シャンドン）飲み放題というセットになっていたことがあるが、妻と出かけて二本空けたときにはかなり驚かれた。ナム・フーン（19 Phan Chu Trinh）はプロジェクトオフィスから歩いていける距離にあるため、法科大学院の学生達が来たときによく連れて行った店である。この店のロブスター・テルミドールは非常においしかった。シーズンズ・オブ・ハノイ（95 B Quan Thanh）はかつてのお屋敷を改装した雰囲気がよく、司法省主催の歓迎会で使ったことがある。オペラ（59 Ly Thai To）はエンペラーと同系列の店で、ソフィテル・メトロポールの向かい、ヒルトンホテルの近くにあるため、オペラ座のコンサートなどと併せて訪れるのに丁度いい。ワイルド・ライス（6 Ngo Thi Nham）は、新しいスタイルのベトナム料理を提供している。弁護士などハノイで最近景気がいい職業のいわゆるエグゼクティブに人気がある。車で行かないと気が付かないで前を通り過ぎてしまいそうな普通の家のようなたたずまいがまた人気なのであろう。リー・クラブ（51 Ly Thai To）はフランス料理も食べられる比較的高級なベトナム料理店である。少し値段は下がるが、デシロイアホテルの中のカイ・カウ（17 A Tran Hung Dao）もなかなかいい。シーフード料理が得意であり、一階では民族音楽が生演奏される。スパイスガーデン（15 Ngo Quyen）はソフィテル・メトロポールホテル内のベトナム料理店。やや値段が高すぎるように思うが、ハノイで一番のブンチャーが食べられるという話なので、町の小さなブンチャー屋では不衛生という危惧を抱く方にはおすすめかもしれない。

(2)　中級店では、レ・トンキン（14 Ngo Van So）が雰囲気が良く値段も高くないのでおすすめのお店である。ただし日本人のツアーでの利用も多い。鍋料理が特におすすめであり、日本からのお客さんを連れて行っても失望させない。クァン・コム・フォー（29 Le Van Huu）もおいしく、値段も比較的安いレストランである。ここは一応日本語（ローマ字）でもメニューが書かれているが、ベトナム語しかできない店員が多いため、ベトナム語にも慣れていないとやや注文しづらいかもしれない。ブラザーズ・カフェ（26 Nguyen Thai Hoc）はビュッフェスタイルなのでいろいろなものが食べられる気軽なお店である。ホア・スア・スクール・レストラン（28 A Ha Hoi）はストリートチルドレンに対する教育の場としてフランスのNGOが援助として経営しているレストラン。ベトナムプレートのセットメニューが非常にお得である。オフィスから近いので気軽によく出かけた。ハー・ホイ（4 Ha Hoi）もオフィスから近いので比較的よく行ったベトナム料理店である。

(3)　大衆店は単品メニューのところが多いので、何が食べたいかによって行く店が変わってくる。ダック・キム（1 Hang Manh）はハノイ名物のブンチャーの有名店。他のメニューはないので椅子に座ればブンチャーが自動的にサーブされる。ダック・キム2（67 Duong Thanh）は息子さんがやっている二号店。どちらに行っても大差ないが、ダック・キム2の方がすいているようである。フーン・リエン(28 Le Van Huu)は秘書がハノイで一番おすすめと言っていたブンチャーのお店である。肉の入った春巻きだけでなく、カニの入った春巻きもある。マイ・アイン(32 Le Van Huu)はフォーの有名店。外国人は二階の冷房の効いた部屋に案内されるようである。フォーにしては量が多め。チャー・カー・ラボン(14 Cha Ca)は雷魚料理の有名店。好き嫌いがあるであろうが、ハノイに来たら一度は食べてみるのも面白いかもしれない。ミー・ヴァン・タン(9 A Dinh Liet)はワンタン麺のお店。中華料理のワンタン麺とはひと味違うベトナム風ワンタン麺が楽しめる。ブン・クアの店(46 Phan Boi Chau)は名前を忘れてしまった。この店のような小さな料理店はハノイ中にたくさんあるが、ここのブン・クアが一番というのが友人の弁であった。ブン・ボー・ナン・ボー(67 Hang Dieu)はピーナッツテイストの南部風のブンが食べられるお店である。

大衆店で最もおすすめはビア・ホイ(Bia Hoi)と書かれた看板が出されている生ビールの飲める店であり、市内のあちらこちらにある。要するにビア・ホイ(生ビール)が飲める店であるが、暑い時期にハノイを歩いていてのどが渇くとふらりと休憩して生ビールを一杯五〇〇〇ドン(約三五円)程度で飲めるので非常に便利であった。料理を出してくれるビア・ホイも結構あり、プロジェクトオフィスの隣にある法務局のビルの隣がビア・ホイだったので、仕事の後に専門家同士連れだって出かけたり、ベトナム人の友人と一緒に行ったりしたものであるが、料理もなかなかおいしかった。法務局が閉まるとプラスチック製のテーブルと椅子が法務局前の舗道上に置かれてプロジェクトオフィスの方まで店が次第に広がってくるので、ついつい立ち寄ってしまう店であった。ビールは万一傷んでいたりするとすぐに味で分かるし、生ビールなら氷なしで飲めるので、大衆店であっても安心して飲むことができておすすめである。大衆店の場合、瓶ビールを頼むと、時として氷が入って来ることがあるので若干注意が必要である。

2　シーフード料理

ハノイで最もおすすめの料理といえばやはりシーフード料理であろう。エビやカニ、小さな赤貝、ハマグリなど安くておいしいシーフードには事欠かない。特にエビは、相当大規模に養殖事業を行っており、輸出も行われている。ゲ・ハップやクア・ハップといった蒸し蟹（ゲとクアでは蟹の種類が異なる。）、トム・ハップ・ビアというエビのビール蒸しは非常においしいし、大小いずれであってもハノイ名物のオック（タニシ）は、蒸したオック・ハップとして食べると絶品である。カウンターパートと懇親会を開いたりするときに利用されるのは、たいていシーフードレストランである。また逆に、注文は一〇〇グラム単位ですることになっていることが多いため、人数が多くないと種類を多く注文することができないので、一人で行っても面白くない。高級レストランでは白身魚の刺身も提供され、それをレモン汁に浸けた後生春巻の皮（ライスペーパー）で巻き、わさびをたっぷり溶かした醤油に浸けて食べることがよくあった。ベトナム人はわさび好きの人が多いのか、日本製のチューブ入りのわさびを数人で一本一回に使い切るほど使っていたが、一度わさびを鮫の皮ですり下ろして食べさせてやりたかったものである。東南アジアで生ものというと大丈夫だろうかと思われがちであるが、しっかりレモン汁に浸してから食べるので、一応殺菌がされているのであろう、それが原因で腹をこわしたことは一度もなかった。生きたロブスターを目の前で殺してそこから出る血をルア・モイに入れて飲むというあまり品のよくない演出があったりするのもベトナム風である。大衆店では言葉が通じないと結構大変であるが、頼みすぎても値段は安いのでまず心配はないであろう。ベトナムでの宴会は、こうしたシーフードをつまみに、ルア・モイやネップ・モイといったウォッカのような蒸留酒を小さなグラスで一気飲みし、またお互いにつぎ合うという古い日本の宴会のようなやり方であった。氷に若干不安があるせいもあるのだが、ストレートで飲むのが普通であるから、お酒が飲めないと宴会に出るのは大変であろう。

高級店というとやはりサン・ホー（58 Ly Thuong Kiet）がシーフード料理ではハノイで一番の味であろう。ただし値段はそれなりにする。

中級店で一番利用したのはフォー・ビエン（14 Trang Thi）である。場所も市内の中心部にあり、ベトナム人もよく訪れるシーフード料理店で、それほど値段も高くなく非常にお得な店である。ハイ・サン・サム・ソン（77 Doc Bac Co）は最高検察院（SPP）が時々懇親会で使った。やや品のない内装ではあるが、それもまた検察院風であり、味はいい。バイン・トム・ホー・タイ（Thanh Nien）はチュックバック湖に面した有名店である。煎餅のようにエビを揚げたバイン・トム・ホー・タイをヌォックマムの入った汁に浸けて食べるのが人気。ソフィテル・プラザから近いこともあり時々一人でも出かけたがいつも量が多すぎて苦労した。ビエン・ニョー（2 B Tran Thi）はハノイ国家大学が懇親会で使った店。場所も味もいい。

大衆店ではミン・トゥイ（23 A To Hien Thanh）に一番よく出かけた。この店はシーフード料理店が集まっている地区にある。付近にたくさんある他の店には入ったことがないが、それほど違いはないのではないかと思う。値段が非常に安い。フローティング・レストラン（Thanh Nien）は西湖に浮かんでいるような雰囲気で作られたレストランで眺めがいい。

3　フランス料理、イタリア料理

元々フランスの植民地であった国であるから、フランス料理、イタリア料理といったラテン系のレストランの数もハノイでは非常に多い。ヨーロッパの高級レストランのようなわけにはいかないが、一応のレベルを保っている店が多い。ホテルの中には、フランスやイタリアにあるミシュランの星を持つレストランのシェフが、本国の店がバカンスで休みの時にハノイに滞在し、滞在しているホテルのレストランで何日間か特別に料理を作ってくれるというイベントを開催しているところもあった。レストランの雰囲気やサービスはいつものホテルのレストランのままであるから本国のレストランとまったく同じというわけにはいかないが、味は普段のレストランよりは格段に良くなるので、そういうチャンスにそうしたホテルに滞在する機会があった場合には、ホテルのレストランを利用してみるのもいいかもしれない。おそらくホテルの方でシェフの往復の交通費や宿泊費を負担しているのであろうが、ホテルにとってもシェフにとってもどちらにとってもメリットのあるうまいやり方だと感心したものである。

高級店では、ル・ボーリュー（15 Ngo Quyen）が、ソフィテル・メトロポールの中にありやや気取りすぎた感じはあるが、フランス料理ではハノイで一番ではないかと思う。ランチタイムであればビュッフェでも食べることができかなりお値打ちであるし、時にはジャズ・ブランチと名打ったイベントで、ジャズの生演奏を聴きながらビュッフェでブランチを食べるという企画を開くこともあった。プレスクラブ（59 A Ly Thai To）は毎月ドナーミーティングが開かれていた店であり、ハノイ在住の外国人が非常に多く訪れている。

中級店としては、メディテレーニア（23 Nha Tho）のピザがおいしい。この店のカルボナーラが好きで、オフィスから散歩してランチを食べ、またゆっくり歩いて戻ると丁度いい時間であったのでよく訪れた。アル・フレスコ（23 L Hai Ba Trung）ではランチセットのピタがおいしい。またスペアリブが非常においしく、ピグミーリブといって小さなサイズでも提供していたので、よく注文した。チャンティエン・プラザの前にあり気楽に訪ねることができた。パン・エ・ヴィーノ（3 Nguyen Khac Can）は、比較的新しくできた、雰囲気がしゃれているイタリア料理店である。ア・リトル・イタリアン（78 Tho Nhuom）はオフィスの近くなのでよく利用した。シェ・マノン（1 Le Thanh Tong）はヒルトンホテルの中のイタリア料理店なので、やや値段が高いかもしれない。エル・パティオ（44 B Ly Thuong Kiet）はメリアホテルの中のレストランであり、オフィスから近いので時折ランチビュッフェを食べながら他ドナーなどのお客さんと話をした。一番よく出かけたのは、アパートメントに住んでいることで割引が受けられたブラッスリー・ウェストレイク（1 Thanh Nien）というソフィテル・プラザのレストランである。チキンライス（といっても、蒸したチキンがご飯の上に乗っており、三種類のソースが付いているもので、日本でいういわゆるチキンライスとは異なる。）がおいしく、ルームサービスで注文して自室で食べることも多かった。週末のシーフードビュッフェはフレッシュオイスターなども提供されており特にお得である。また、オーラック・カフェ（57 Ly Thai To）やタマリンド・カフェ（80 Ma May）のように気軽に入れるカフェがハノイにはたくさんあり、町を歩いていて少し休みたいときなど非常に便利であった。

4　日本料理

旅行者の方であれば、ハノイで日本料理を食べるということはまずないであろうが、ハノイに住んでいるとなるとやはり日本料理が食べたくなるときがある。そういうときには日本料理店に行くわけであるが、ハノイの日本料理店は派遣前に予想していたよりもずっと多かった。しかも、私が派遣されていた期間中にも何軒も新しく開店したり改装したりしていたし、帰国後に得た情報でも新しく開店した店が何軒もあるようである。日本企業の最近のベトナム投資熱からすれば、今後も開店する店は多いであろうから、私の持っている情報が古くなっている分野の筆頭は日本料理店に関するものであろう。

日本料理店は、日本や日系のホテルなどで料理を覚えたベトナム人が日本料理店を開店し、その店で料理を覚えたベトナム人がまた新たに日本料理店を開店するという形でどんどん増えているようである。ウェイトレスとして働いているのは、日本人の留学生などがアルバイトをしている場合もないではないが、ほとんどはベトナム人である。たいていは日本語学校で日本語を学んでいるから、お店の中では日本語が通じるので、ベトナム語の授業の後に日本料理店に行くことが多かったのは前述のとおりである。現在ハノイの日本語学習熱はものすごいらしく、秘書のトゥイさんが日本語学校に通おうとしたところ、受付日の前日午後一〇時から並ばなければならないということであきらめたそうである。もちろん日本で食べるのに比べるとハノイの日本料理店の料理の質は落ちるが、日本料理店に行くのは日本語での会話を楽しめるからというのが一番の理由であろう。ウェイトレスがいる中級店ではどこでも食事を楽しくとることができた。

(1)　高級店というと、ホテルニッコーハノイの中にある弁慶（84 Tran Nhan Tong）であろう。味はいいのだが値段もそれなりにする。ダイウーホテルの中の江戸（360 Kim Ma）の方がややリーズナブルであったし、ランチタイムのビュッフェがお得であったので、何回か訪れた。蓮（8 A Hang Chao）は私が帰国直前に開店した店なので一回しか訪れていないが、店主は日本大使公邸の料理人だったそうで、なかなかおいしい料理を出している。

(2)　中級店で一番よく出かけたのは、赤太陽（65 Trieu Viet Vuong）である。ゴルフをした日の夜の宴会などでも何回か利用した。そのためか、誕生日に花をもらったり、帰国の際におみやげをもらったりしたので、一番印象に残っている日本料理店である。富士（13 Dinh Le）はオフィスから歩いていける距離であったため、毎週ベトナム語の授業のあとに出かけていた。食事のついでにその日に習ったベトナム語の復習を親切に手伝ってもらえた。花ゆき（25 Mai Hac De）は従業員の愛想がすごく良かった。赤太陽とは通りを一本違えているだけなのに、こちらはネクタイを締めているお客さんが少なく不思議だった。ニューサケ（F103 A5 Kim Ma）は、料理はおいしいのだが、調理にすごく時間がかかった。この店で宴会をすると、隣のカラオケ屋「ラウンジ京」は日本の歌がたくさん揃っているので、ついでに二次会に行くことができ便利だった。紀伊（166 Trieu Viet Vuong）はほとんどが個室になっているため、お客さんなどとゆっくり話をしたいときに使える店だった。魚屋（ととや、322 Ba Trieu）はハノイの日本料理店の中では一番新鮮な魚が食べられた。赤とんぼ（649 Kim Ma）は日本人がたくさん住んでいるVタワーというサービス・アパートメントの建物の中にある店である。カフェ和楽（98 Hang Trong）は稲門会の日本人が経営している店で、ベトナムスケッチというガイドブックがもらえるので毎月出かけた。ヤマダヤ（104 Thai Thinh）はラーメン屋である。ハノイに住む日本人が増えたことから、最近は他にもいくつか日本風のラーメンが食べられる店ができているらしい。

5　その他各国料理

ハノイはベトナムの首都であり、外国人も多く住んでいるし、前述したようにハノイの人は食べることにうるさいから、その他いろいろな国の料理を食べることができる。ただ、比較的最近中国と戦争をしたためか、他の東南アジアの国と比較すると中華料理店は少ない。中華系の人が集まって住んでいるチャイナ・タウンのようなところもなさそうである。しかし、ベトナムへの観光客で多いのは日本人のほかには中国人と韓国人であるから、中華料理店、韓国料理店は他の国の料理店に比べれば多いということはできそうである。タイ料理はさすがに本場に近いだけあっておいしかった。

(1)　ドラゴン・チャイニーズ（D8 Giang Vo）はハノイホテルの中にある中華料理店である。おそらくハノイで一番おいしい中華料理が食べられる本格的な店であるが、一品あたりの量が多いため、ある程度の人数で行かないとあまり品数を注文することができない。明宮（1 Thanh Nien）はソフィテル・プラザの中にある中華料理店である。ランチタイムの点心ビュッフェがお得であり人気がある。ハノイでお昼に中華料理を食べるのであればここが一番であろう。シルクロード（360 Kim Ma）はダイウーホテルの中、タートルズ・ポエム（1 Le Thanh Tong）はヒルトンホテルの中にそれぞれある中華料理店で、いずれもやや値段は高いが無難なレストランである。

(2)　ジョン・ガー・コリアン・レストラン（511 Kim Ma）はＪＩＣＡベトナム事務所から近いので、時折利用した。ジャン・ウォン・コリアン・レストラン（349 Kim Ma）は比較的新しくできた焼肉料理屋。韓国からの旅行者は、ハノイでは韓国同様犬料理が食べられるので、犬料理店に出かけることが多いようであり、韓国で食べるよりもおいしいという噂も耳にした。私は何でも食べる方であるが、クックフーン国立公園に行ったときに聞いた殺される直前の犬の声が耳に付いてしまい、どうしても食べる気になれなかった。

(3)　ロータスレストラン（44B Ly Thuong Kiet）はメリアホテルの中にあるタイ料理店。本格的なタイ料理が食べられるが、コースメニューだと相当に量が多いので注文に工夫が必要かもしれない。サミット・ラウンジ（1 Thanh Nien）はソフィテル・プラザの最上階にあり、夕方になるとバーベキューが食べられる。ホン川や西湖が見渡せ、景色が非常に美しい。ダーリング・ハーバー（Thanh Nien）は西湖の畔にあり眺めがいい。ソフィテル・プラザの近くだったので時折利用した。シー・フー（5 Truc Bach）は比較的新しいレストランであり、鍋料理を主体に出していた。

第10節　観　光

ハノイ市内だけでも観光して回る名所はかなり多い。しかし、派遣期間中、ハノイのような都会にだけいたのでは、ベトナムという国がどのような国で、人々がどのように暮らしているのかがよく分からないのではないかと思い、できる限りいろいろな観光地などを訪ねて回った。週末を利用しての旅行であるため、ハノイから日帰りで行けるところがほとんどであるが、何回かは休みを取るなどして中部や南部を訪れたりもした。ベトナムに関心がある人、あるいは関心がなくてもこれからベトナムを訪れる予定のある人に、ベトナムの魅力を知ってもらえたらと思う。なお、旅行するに当たってもっぱら宿や交通の手配は、スケッチトラベル（http://www.vietnam-sketch.com/）、ウェンディーツアー（http://www.wendytour.com/）、エキゾティシモ（http://www.exottisimo.com/）などの旅行会社にお願いした。いずれの旅行社も、あれこれ勝手な注文をだいたい全部聞いてくれたし、前述したように航空機を利用する際にいろいろとトラブルがあっても適切に解決してもらえ、非常にありがたかった。

1　ハノイ市内

(1)　ハノイで最も魅力があるのはやはり「ハノイ三六通り」と呼ばれる旧市街であろう。狭く入り組んだ通りに間口の狭い商店や飲食店が所狭しと並んでいる。それどころか店の前の舗道上にも、商品を並べ、テーブルと椅子を置いて商売をしている。シルク織物店ばかりが集まっている通り、子供の玩具店ばかりが集まっている通り、などそれぞれの通りが個性的であり、のんびりと散歩していて飽きることがない。シルク織物店などを見てみても、どの店も同じものを売っているかのように見えるがそうではなく、それぞれ違う工房から仕入れているのであろう、それぞれの店に個性があって面白い。店の間口はどこも狭いが、奥行きは外から想像するよりはずっと長く、京都の町家のようである。おそらくは間口の広さで土地の使用料が定められるのであろう。どの店もショッピングセンターで買ったりするよりはずっと安いが、さらに安くしてもらおうと交渉するには相当ねばり強い交渉力が必要であり、かなり大変であろう。歩くのに疲れたら、あちらこちらにカフェやビア・ホイがあるので、一休みするところには困らない。毎日お祭りの縁日が開かれているようなところである。もちろんテトや中秋節の前などは特別に飾り付けがされるのでさらににぎやかな雰囲気になる。

旧市街の中には、マーマイの家（87 Ma May）、白馬最霊祠、ハノイ大教会（Nha Tho Lon）などの見所もある。マーマイの家は、ハノイの古い民家が保存されている二階建ての建物であり、昔の比較的裕福なハノイ市民の生活を窺い知ることができる。ハノイ大教会は時季に応じて飾り付けがしてあり、違った雰囲気を味わうことができる。こうした観光場所に限らず、ドンスアン市場（Cho Dong Xuan）やハンザ市場（Cho Hang Da）のような市場を訪れるのも、ぎっしりと詰まった小売店の雰囲気がまた面白いものである。

旧市街へは自転車の前に人力車の座席を付けたようなシクロ（Xic Lo）に乗って訪れるのも一興である。街で声をかけてくるシクロに乗ってみるのもいいかもしれないが、旅行会社で頼むのが安全であろう。ホテルなどから出発して旧市街を訪れ、観光場所に数か所立ち寄った後、レストランなど指定しておいた場所まで送ってくれる。今後さらにハノイが発展してしまうとおそらくシンガポールのトライショー（サイドカー付き自転車）のように極めて限られた地区しか走ることができない乗り物になってしまうであろうから、楽しめる最後の機会も近いのかもしれない。

(2)　旧市街に接するホアンキエム湖（還剣湖、Ho Hoan Kiem）周辺も見逃せない。黎王朝の始祖リー・タイ・トーがこの湖に住む亀から授かった剣で中国（明）を打ち破ったとされ、その剣を亀に返したことがその名前の由来である。ホアンキエム湖の周囲は公園になっているから、のんびりと湖に浮かぶ亀の塔を見ながら読書などをして過ごしている人も多い。以前この湖に住んでいた大亀は剥製となって玉山祠（Den Ngoc Son）に飾られている。亀の塔がライトアップされる夜景は特に美しく、多くのハノイ市民が湖の畔に集まって夕涼みをしている。付近の公園では観光フェアなどのイベントがよく開かれていたが、あるときホアンキエム湖脇のインディラ・ガンジー公園にリー・タイ・トーの大きな銅像が建っていて驚いた。

ホアンキエム湖の近くには水上人形劇場があり、毎日有名な水上人形劇が行われている。幕の後ろ側から操られる人形がコミカルに還剣伝説やボートレース、仙女の舞いなど一〇を超える演目を演じるものであるが、伝統的な民族音楽を聴くこともでき、ハノイ滞在中に一度は訪れたい。日本からお客さんが来たときには、午後四時ころ（観光客の多いシーズンに限られるようである。）か、五時一五分ころに始まる早い回を観てから夕食に出かけることが多かった。

(3)　ハノイの観光場所というと、文廟（Van Mieu）が比較的有名である。ベトナムで最初の大学の跡であり、亀の彫像の上に建てられた石碑には三年に一度行われた科挙に合格した者の名前や成績が刻まれている。時折民族音楽が奏でられており、ハノイの観光場所の中では結構広い方であるから、観光していても比較的見応えがある。

ホーチミン廟

　また、ホーチミン廟（Lang Chu Tich Ho Chi Minh）、ホーチミンの家（Nha San Bac Ho Chi Minh）、ホーチミン博物館（Bao Tang Ho Chi Minh）といったホーチミン主席に関連する場所はいずれもベトナム人も非常に多く訪れる観光場所になっている。特にホーチミン廟は、週末ともなれば信じられないくらい多くのベトナム人が開館を待って列を作っている。外国人であれば、パンフレット代さえ支払えば列に並ばなくとも入館可能である。入館に際してはカメラ等荷物はすべて預けなければならず、館内でも私語は厳禁であるから、非常に厳粛な雰囲気を味わうことができる。ただしホーチミン廟の観光には、閉館日の月曜、金曜以外にも長期間の休みを取ることがあるし、午後は閉館しているから注意が必要である。まだ団体客が活動を始めない朝一番に訪ねるのが一番であろう。ホーチミン廟を出たところがホーチミンの家になっている。こちらはホーチミン廟が閉館の時でも入ることが可能であり、比較的質素なホーチミンの生活を忍ぶことができ、ホーチミンが現在も依然としてベトナム国民から慕われている理由が何となく理解できるように感じられる。さらにホーチミンの家を出たところにホーチミン博物館があり、ホーチミンの残した足跡をたどることができる。

ホーチミン博物館の隣には有名な一柱寺（Chua Mot Cot）がある。蓮の花に見立てた形をした小さな寺であり、ハノイのシンボルとなっている。

(4)　ハノイには、前述のホーチミン博物館のほかにも、民族学博物館（Bao Tang Dan Toc Hoc Viet Nam）、歴史博物館（Bao Tang Lich Su）、美術博物館（Bao Tang My Thuat）、革命博物館（Bao Tang Cach Mang）、女性博物館（Bao Tang Phu Nu）、軍事博物館（Bao Tang Quan Doi）など、数多くの博物館がある。時間があれば、このうち民族学博物館、美術博物館、歴史博物館には訪れたい。特に民族学博物館は、全国に五四種類あるというベトナムの各民族の生活がそれぞれ衣服や生活道具、実物大の家屋等を再現するなどしてわかりやすく展示してあり面白い。屋外には長い家に住むエデ族、背の高い高床式の集会所を持つバナ族といった少数民族の住居などがいくつも再現してあり、それぞれ中に入ってのんびりしてみるのも大変面白い。それらの家の中で現地の飲み物でも提供してくれればもっと楽しめるのではないかとも思われるのだが、そこまではしていないところが国の施設といったところかもしれない。美術博物館は、ベトナムの近代絵画がかなり揃っており見応えがある。歴史博物館は、ベトナムの先史時代から近代までのそれぞれの年代について、特徴的な物を数多く展示しているが、特に安南の焼物にはかなり魅力的な物も展示されていた。

(5)　オペラハウス（Nha Hat Lon）はその建物を見るだけでも行ってみる価値のあるところであるが、建物の見学だけのために中に入ることはできない。毎月数回週末にクラシックのコンサートが開かれたり、バレエのショウがあったりするので、そうした機会に出かけることになる。チケットは電話で注文すればオフィスやアパートメントに届けられるので非常に便利であったから、毎月のように足を運んだ。コンサートなどはだいたい午後八時から始まるので、夕食後に出かけることが多かったが、立食パーティー形式で軽食が食べられることもあった。他ドナーなどの関係者も行動が似ているとみえてそうしたパーティーで顔を合わせることもあり、懇親を深めることもできた。オペラハウスは時折カラフルにライトアップされることがあるが、そういうときには普段とはまたまったく違う表情を見せてくれたものである。

(6)　ハノイで最も人気のある湖は西湖（Ho Tay）である。西湖の畔に家を建てて住むことはハノイの人にとってあこがれだそうである。植民地時代のフランス人も同様に考えていたらしく、湖畔には当時の瀟洒な家が残っていて、賃貸されていたりする。西湖で採れる蓮の花で作った蓮茶が最高級なのだそうで、五月から七月の早朝には蓮の花を摘む光景を見ることができるので、それを見るためのツアーも行われている。湖面に蓮の花が一面に咲きほこり、その中を小舟に乗って蓮の花を摘んでいる姿は非常に美しいものである。

西湖の南部にある鎮国寺（Chua Tran Quoc）や鎮武観（Den Quan Tran Vu）には、アパートメントが近いこともあってよく訪れたが、特に西湖畔から眺める鎮国寺のたたずまいはハノイの人にも人気があり、いつも多くの人で賑わっていた。

テトの時期には西湖の東部にある西湖府（Phu Tay Ho）に多くの人が初詣にやってくる。付近には西湖名物のタニシ料理を食べさせる料理屋がたくさんあった。また、西湖の北部のニャット・タン（Nhat Tan）の付近はテトに飾るキンカンや桃の畑が広がっており、テトの前のころには見事な景色が広がっており、ニャット・タンの花市場は非常な賑わいとなっている。ハノイの発展に伴いまもなくその畑も住宅街へと変わってしまうという話を聞き、少し寂しさを感じたものである。

(7)　最近発掘されたタン・ロン遺跡は、歴代の王宮があったところで、かなり大きな規模の遺跡であり、将来は世界遺産に登録されるかもしれないといわれていた。

その他にも軍事寺（Chua Quan Su）やバーダー寺（Chua Ba Da）といった街角にある小さなお寺も、中に入ってみると思ったよりも広く、地元の人の信仰を集めていたりして興味深かったし、ベトナム戦争中何度もアメリカ軍が攻撃したにもかかわらず破壊することができなかったロンビエン橋（Cau Long Bien）や、軍事博物館前の小さな公園にあるレーニン像など他の国ではもう見られないのではないかという珍しい観光名所もある。

市内観光のツアーなどで含まれていることが多いホアロー収容所（Nha tu Hoa Lo）はかつての捕虜収容所跡であり、監獄の様子が再現されていたりギロチン台が飾られていたりしてどうしても好きになれず、一度訪れただけで誘われても遠慮することにしていた。

2　ハノイ近郊

(1)　ハノイ近くの観光地でよく訪れたのは、何といっても世界遺産にも登録されているハロン湾（Vinh Ha Long）である。日本からお客さんが来ると同行して案内することも多かったし、車と船、ガイドなどの手配をすることも多かった。日帰りで出かけることがほとんどであったが、二度ほど一泊二日の日程で出かけ、ジャンク船と呼ばれるボートに泊まったことがある。

ハロン湾までは車で約三時間の距離であるから、途中でベトナム戦争の枯れ葉剤の影響で障害がある女性達が刺繍などを商っている土産物屋さんで休憩を取るのが普通である。

バイチャイの港に着くとジャンク船に乗り込み、出港してからゆっくりと船はハロン湾の奥に進んでいくので、船員さん達が作ってくれる昼食を食べながら次第に変わっていく景色を楽

ハロン湾

しむことになる。船員さん達の手料理であるから凝った調理法の料理が出てくるわけではないが、新鮮な魚貝類を使っているため非常においしかった。「海の桂林」と呼ばれる海からニョキニョキと突き出た感じの岩山や、闘鶏の場面や人間の親指に見立てられた奇岩などを船から見ているうちに船は島へと到着し、下船してティエンクン洞（Dong Thien Cung）、ダウゴー洞（Hang Dau Go）といった鍾乳洞を見物することになる。石段を登ったり降りたりするので暑い時期には汗を相当かいた記憶である。日帰りのツアーだと、船に戻ると再びゆっくりと港へと戻り、ハノイへと車で戻ることになる。ツアーで行くのとそれほどは変わらない料金でプライベートでボートを貸し切りにすることができるので、日本からお客さんが来られる際にはそのように手配をしたものである。

一泊二日の日程で出かけると、鍾乳洞を見物したあとに海水浴やカヌー、釣りなどさまざまな遊びを楽しむことができる。また翌日は別の鍾乳洞を訪ねたりする。たまたま乗り合わせたスイス大使館の領事一家とカードゲームを楽しんだりしたこともあったが、その後もハノイでサルサ教室に誘ってくれたりして非常に楽しかった。夕方には船の帆を上げるのだが、何隻ものジャンク船が揃って帆を上げる風景は非常に印象深いものであった。夕食や朝食も船員さん達が作ってくれるのだが、同じ食材を使っても違う味付けを工夫してくれるので飽きないで食べることができる。船員さん達は、一週間程度のクルーズなら飽きさせたりすることはないと自慢していた。

ハロン湾に浮かぶカットバ島（Dao Cat Ba）は国立公園になっており、砂浜もあるそうである。長い休みを使ってハロン湾に行くということはなかったので行きそびれてしまったが、いつか訪れてみたいとは思っている。

(2)　ハノイ近郊のバッチャン（Bat Trang）という陶器で有名な町には車で約三〇分で行くことができる。バッチャンで焼かれた陶器は、古くは安南の焼物として茶道の世界では珍重されたことから、前述したように茶道に関心のある私は、しばしばこの町を訪れて買い物をしたし、おみやげに陶器を購入したいという日本からのお客さんについてはこの町を案内した。ハノイ市内でバッチャンの焼物を買うよりも、品質のずっと良い物を安い価格で購入することができる。バッチャンの町には一〇〇軒近い数の陶器屋さんが並んでいると思うが、日本人の観光客も相当に多いとみえて、日本語の看板が出ている店も多い。

最近はバッチャンでも機械化が始まっているようであり、機械で絵付けをしている店もある。機械を使っている分だけそういう店の方が価格も高いようである。手書きで絵付けをしているような店は、店頭に価格を表示をしていないところがほとんどである。私の場合は茶道で使えるような陶器が欲しかったから、そういう店を探したのだが、お客さんを案内する場合にも、まず機械で絵付けをしている大きな店に案内し、そうした店は米ドルで価格も表示しているからそこでおおよその価格を把握してもらった上で、他の店を見て回るようおすすめしていた。価格に不安を感じたり、陶器の違いが分からないようなら、大きな店で購入してもらえばよかったし、自分の目に自信のある人の場合には、気に入った店で価格交渉をしてもらえばよかった。あまりに何度もバッチャンには出かけたので、顔なじみの店員のいる店もいくつかできてしまった。

(3)　ハノイ近郊でベトナム人が最も訪れるのはフォーン寺（香寺、Chua Huong）であろう。ハノイから車で一時間半くらいの距離であるが、テト明けにお祭りがあり、仏教の聖地とされていることから、全国から大勢の巡礼者が集まってくる。私は二度フォーン寺を訪れたが、暑い時期はあまり人がいなかったので、お祭りのときの混み具合には驚かされた。

ダイ川（Song Day）の桟橋で手こぎ船に乗り、約一時間川をさかのぼると、フォーン山（Huong Son）の入り口に到着する。手こぎ船ではのんびり周りの景色を見ることもでき、ゆったりとした気分になることができる。フォーン山には一三の寺が集まっており、これらを総称してフォーン寺と呼んでいるのだが、一番上の洞窟寺院まで一時間以上山を登ることになる。結構きつい山道であるが、道沿いに山麓から山頂まで間断なく茶店が並んでおり、土産物を買ったり飲み物を飲んだりすることができるので、ゆっくり上ればお年寄りでも大丈夫のようであった。

山頂の洞窟寺院には巨大な鍾乳石がご神体としてまつられており、絶え間なく焚かれる線香の煙にかすんで荘厳な雰囲気がしている。子供が授かる御利益があるということで、子供好きのベトナム人には人気があるのであろう。

フォーン山ではイタリアの会社がロープウェイを造っていたから、そろそろそれが完成しているかもしれない。キリスト教徒が観光で訪れるのであればそれでいいであろうが、やはり仏教徒が仏教の聖地に赴くにはそれなりに苦労をした方がいいのではないだろうかと思う。登りくらいはゆっくりと自分の足で歩きたいものである。

一度目はツアーで訪れたのでハノイから弁当を持参したが、二度目はベトナム人の友人と一緒だったので、山の麓近くにあるレストランで地元の料理を食べたが、結構おいしかったのが印象的である。

(4)　ニンビン省にあるタムコック（Tam Coc）という観光地にも二度訪れている。ハノイからは車で三時間くらいの距離である。途中ファッツジェム教会（Nha Tho Da Phat Diem）に立ち寄った。この教会はかなり規模の大きなもので、大聖堂の正面は瓦屋根の伝統的な寺院建築と石造りの建築とが組み合わされており、なかなか見事な建築である。大聖堂は正面を除き木造であり、広々とした内部に入ると美しい聖壇が飾られていた。

タムコック

昼食を取った後に桟橋まで移動して手こぎ船に乗り込みタムコックへと進むことになる。「陸のハロン湾」と呼ばれるとおり、ハロン湾とよく似た形の奇岩と田圃の中を船はゆっくりと進んでいく。タムコックとはベトナム語で「三つの洞窟」の意味であり、石灰岩でできた三つの暗い洞窟を静かな手こぎ船でくぐり抜けていくのが非常に心地よかった。

タムコックからさらに奥に行ったところにビックドン（Bich Dong）という山肌を利用して造ったお寺がある。三層になっているが、最上部の寺からは奇岩とその間に広がる美しい田圃の風景を眺めることができる。

(5)　ホアビンには少数民族の村を訪ねて二度訪れている。一度目はホアビン近くのムオン族の村を訪ね、二度目はマイチャウ（Mai Chau）というところの近くにあるターイ族の村で一泊した。いずれも高床式の住宅で、農耕で生活しており、それぞれ民族独特の織物を織ったりしている。

最初にムオン族の村を訪ねたときは、先にタイ寺（天福寺、Chua Thay）に寄るツアーだったため、まずハノイから車で約四五分のところにあるタイ寺に立ち寄った。この寺は高僧をまつってあるということで「先生寺」などと呼ばれたりもしている。そのため、国家司法学院でも連れだってお参りに来るそうである。裏庭に小高い山があり、頂上からは周辺に広がる美しい田圃とその中に転々とある奇岩を見渡すことができた。その後ホアビンホテルであまり癖のない地元の料理というのを食べ、目的地であるムオン族の村を訪れた。非常にのんびりとしており、ハノイのような都会とは時間の流れ方がまったく違っているかのような雰囲気であった。一緒に行ったガイドが自分の古着を訪れた家屋の家族にプレゼントしているのが印象的であった。

タイ寺で時間を取りすぎてしまったため、あまりムオン族の村でゆっくりすることができなかったことから、二度目のホアビンは一泊二日の日程で出かけることにした。マイチャウまでは山を越えるため車で四時間近くかかるので、行く途中に日本も援助で関わっているホアビン水力発電所に立ち寄った。このホアビンダムができてからは、ハノイで停電の心配はほとんどなくなったということである。ホアビンの町の小さなレストランで昼食を取ってから、マイチャウの近くにあるヴァン村というターイ族の村に向かった。この村にはシャワーの設備が一応付いている外国人も泊まれるゲストハウスが一〇軒くらいある。寝るときには蚊帳を吊ってその中で寝るという四〇年ぶりくらいの経験をした。夕食は、一緒のゲストハウスに泊まっている人達とともに、地元の豚肉料理を食べ、ズォウカン（Ruou Can）という一つの甕から数人が一緒にストローで飲む地元のお酒を飲みながら、宿の人にターイ族の踊りを踊ってもらい、夜遅くまで盛り上がった。

翌日は、ハノイへの途中のキンボイ（Kim Boi）というところにある温泉に立ち寄った。温泉に入るために以前にはわざわざアイスランドや台湾に行っているほどの温泉好きだからである。しかし、このキンボイの温泉は個室になっており、裸で入浴することはできるが、窓もないので情緒に乏しく、温度も低めでそれほど面白くはなかった。

(6)　ハータイ省にあるドゥオンラム（Duong Lam）という古い町並みが残っている村も二度訪れたことがある。ハノイから車で約一時間半のところにある村であるが、ホイアン同様日本の援助で街並みの保存を行っているそうである。ドゥオンラム村にあるミア寺（Chua Mia）には見事な一八体の羅漢像のほか、数多くの仏像がまつられており、一度は訪れる価値がある。モンフー地区はモンフー会堂（Dinh Mong Phu）を囲むように古い街並みが保存されている。近くにあるタイソン城やゴークエン祠も面白い。

二度目に訪れたときはドゥオンラムにある友人の実家を訪ねるのが主目的であった。さすがに古い街並みが残っているだけに相当貧しい地区らしく、友人の実家にはトイレすらなく、庭あるいは畑で用を足すという状況であった。これまでチベットや南米の貧しい国の田舎を訪ねたこともあるが、衛生面からトイレだけは場所が決まっているところが多かったのに比べても、初めての経験であり、近代的な高層ビルが次から次へと建設されつつありバイクがあふれるハノイにいるとほとんど感じることのない、ベトナムという国の貧富の差をまざまざと感じさせられる出来事であった。

(7)　自然の中を歩くのは健康にもいいことから、ハノイ近くの国立公園を訪ねてみようと、クックフーン国立公園（Rung Quoc Gia Cuc Phuong）を訪れたことがある。中国から連なる石灰岩の山脈の端付近に当たるようで、やはり公園内にはいくつか鍾乳洞があり、その中には先史時代に人が住んでいた跡が残っているものもあった。樹齢一〇〇〇年以上という盤根の巨木を見たりしながらハイキングができ、公園の入り口付近にはドイツの研究団体が運営している希少動物保護センターがあり、貴重な霊長類がかなり飼育されていた。公園の奥の方まで行くと少数民族の村があり宿泊もできるようであるが、どちらかというとそれほどきつくないハイキングコースとして人気があるようであった。

(8)　友人の実家がハイフォン（Hai Phong）にあるというので、テトに港町ハイフォンを訪ねたことがある。街の中心にはオペラハウスがあり、その前の広場には花市場が開かれていた。街の至る所に火炎樹の木が植えてあり、五月には火炎樹の赤い花で街が赤く染まるというのも本当であろうという気がした。ハンケイン会堂（Dinh Hang Kenh）やズーハン寺（Chua Du Hang）といった地元で慕われている建物やお寺を見て回るのも比較的こぢんまりとした街だけに面白い。ハイフォンではバインダーという平たい麺がおいしいそうであり、一度は食べてみたいと思いながらなかなかその機会に恵まれないでいる。

(9)　ベトナムで最初の王朝が置かれたというコー・ロア遺跡はハノイから車なら三〇分程度で行ける手近な遺跡である。現在は寺になっているが、古い土壁が残っており、結構な大きさがあることから当時に思いをはせることができる。

その他にも、ハノイから車で約三〇分のブッタップ寺（Chua But Thap）では石造りの五重塔を見ることができるし、タイフーン寺（西方崇福寺、Chua Tay Phuong）の建物は美しい形をしている。ブッタップ寺の近くにはドンホー（Dong Ho）という村があり、テトなどに家の壁に飾られるので有名なドンホー版画を作っているし、タイフーン寺の近くのバン・フック（Van Phuc）はシルク織物で有名である。バン・フックにはシルクを買いに何度か訪れたが、ハノイよりも値段は安いものの、デザイン的に洗練されたものを見つけるのは、店の数が多いだけに大変であった。

3 北部

(1) サパ（Sa Pa）はベトナムの観光地の中で最も印象に残っているところの一つである。派遣前から一度は訪れてみたいと思っていた山岳リゾートであったので、派遣後間もなくプロジェクトオフィスの秘書にベストシーズンを尋ね、一〇月が一番いいと聞き、早速往復の列車の手配をしてもらった。前述のヴィクトリア・エクスプレスの二人用のコンパートメントを確保するためであるが、数が限られているため、ハイ・シーズンの週末の場合、遅くとも三か月前には手配する必要があるとのことであった。
ヴィクトリア・エクスプレスが中国との国境の町ラオカイ（Lao Cai）の駅に着くと、ガイドが迎えに来ており、ホテルまで送ってくれ、チェックインとなる。サパでの宿泊は、ヴィクトリア・サパ・ホテルであった。ヨーロッパにある山荘風の外観で、テラス付きの客室棟が中庭を囲むように建てられている。中庭には山羊やうさぎが飼われており、のんびりとした雰囲気を醸し出していた。

チェックインが済むと適当な時間にガイドとともにトレッキングに出かけることになる。何日滞在しても飽きることがないように何種類ものトレッキングコースが用意されており、いろいろな少数民族の村を訪ねることができるようである。私たち夫婦が訪れたのはザイ族と黒モン族の多く住むラオチャイ(Lao Chai)とタヴァン(Ta Van)へのトレッキングコースであった。サパではどこに行っても広大な棚田が広がる風景を見ることができるが、いずれの村でもまだほとんど機械化は進んでおらず、四〇年くらい前の日本の農業風景を見るような感じである。ザイ族はもうあまり民族衣装を着ている人の姿を見かけなくなっているが、黒モン族は大人から子供まで皆藍色の民族衣装姿である。人なつこい子供達がトレッキングにつきあってくれた。途中には日本の援助で建てられた小学校などもあり、ガイドの作ってくれる手作りのランチを食べて一日中歩いた。トレッキングの後に訪れたサパ中心部にあるサパ市場では、赤い頭巾をかぶり眉毛を剃った赤ザオ族の姿を見ることもできた。

翌日は早起きをしてバックハーまでバックハー市場(Cho Bac Ha)を見に出かけた。日曜の早朝に開かれるバックハー市場では、カラフルな衣装で見事に着飾った花モン族の姿を見ることができる。週末に開かれるバックハー市場に目一杯着飾って何時間も歩いてやってくるのだそうである。肉や野菜のような生鮮食品から水牛まで何でも売っている市場であり活気に満ちている。市場は午前中でほとんど終わってしまうため、午後は中国から流れてくるチャーイ川を船で下ることにしたが、本当にのんびりとした時間を過ごすことができた。

(2)　ラオカイ同様中国との国境近くにあるカオバン（Cao Bang）への旅行も強く印象に残っている。二〇〇四年九月に二泊三日の日程で訪れたのだが、カオバンまではハノイから車で六時間以上かかるため、途中タイニン市にあるベトナム民族文化博物館（Bao Tang Van Hoa Cac Dan Toc Viet Nam）に立ち寄った。ハノイの民族学博物館ほど洗練されてはいないが、ベトナム全土の民族や文化を模型を用いるなどしてわかりやすく展示してあるなかなかいい博物館である。

バックハー市場

ゆっくり博物館を見ていたこともあり、宿泊先であるカオバンのバンザンホテルに着いたのは夕方になってしまった。バンザンホテルはカオバンでは一番のホテルであるが、私が訪れたときには丁度改装工事中であった。ハノイからカオバンまでの道路も大規模に工事をしていたから、もう舗装された道路になっていてハノイからかかる時間も大幅に短縮されていることであろうし、ホテルも快適になっていることであろう。

翌日は、まずカオバンから中国との国境の近くにあるパックボー洞窟（Hang Pac Bo）に向かった。この洞窟はホーチミンが一九四一年にベトナムに帰国した際に四年間にわたって隠れ住んだところであり、ここで革命の構想を練ったということでベトナム人にとっては聖地の一つとなっているそうである。洞窟

バンゾック滝

の付近の山にはカールマルクス山（Nui Cac Mac）、川にはレーニン川（Suoi Lenin）と名前が付けられており、近くにはサパとは異なりカラフルな民族衣装を着た黒モン族をたくさん見かけることができた。

その後訪れたのは丁度中国との国境にあるバンゾック滝（Thac Ban Doc）というベトナムでも最も大きな滝の一つである。中国側には大きなホテルも建てられており、多くの中国人が滝の見物にやって来ている。日本から持って行ったボーダフォンの携帯電話はもはやベトナムの携帯電話会社の電波ではなく中国の携帯電話会社の電波を受信していた。筏に乗って滝壺の近くまで行くとかなりの迫力がある。中国人観光客の数と比較してベトナム人観光客がほとんどいないのが寂しかったが、北部までの道路や宿泊設備が整備されさえすれば、ベトナムにはまだあまり観光客が訪れていない素晴らしい観光地がたくさんあるであろうと感じた。

バンゾック滝の見物を終えると、翌日のバーベー国立公園見物のためにバッカン省まで車を走らせたのだが、途中ゆっくりと食事を取ったりしていたためか、宿泊先である国立公園ゲストハウスに着いたのは暗くなってからのことになってしまった。

翌日は朝から船に乗ってナン川（Song Nang）をクルーズして回った。最初に立ち寄ったのがフォーン洞窟（Hang Phuong）であり、やはり石灰岩でできた鍾乳洞であるが、相当大きなもので見応えがあった。それから立ち寄ったのはドウダン滝（Thac Dau Dang）であるが、規模が小さく、知床にあるオシンコシンの滝のような滝であった。その後広々としたバーベー湖（Ho Ba Be）を船はのんびりと進みクルーズは終了である。

(3)　中国との国境に近いもう一つの町であるラン・ソン（Lang Son）を訪れたことがあることについては前述（第2章第2節5）した。ハノイからラン・ソンまでの道は完全に舗装されており快適である。しかし速度違反の取り締まりが特に厳しいという話であり、取り締まりも正確性を欠くためか、制限速度を下回る速度で車が走るため、予想以上に時間がかかった記憶である。

ラン・ソンの町には知的財産権侵害の実情調査を目的に出かけたため、ドン・キン市場（Cho Dong Kinh）をまず見学したが、予定よりも若干早く終わったため、近くの三清洞（Dong Tam Thanh）という鍾乳洞をついでに見学した。それほど大きな鍾乳洞ではないが、内部がカラフルにライトアップされており、ベトナム的であった。

その後中国との国境にあるタン・タイン市場（Cho Tan Thanh）を見物に行き知的財産権が侵害されている実情を見てきたことは前述のとおりである。

4　中　部

(1)　ホイアン（Hoi An）には二〇〇四年七月に二泊三日の日程で妻と訪れたことがある。ハノイを早朝に発つ予定で飛行機に乗る予定でいたのだが、パスポートを忘れてしまったため乗り遅れ、午後の便でダナンに到着し、迎えのガイドに案内されて宿泊先のヴィクトリア・ホイアン・リゾート・ホテルにチェックインした。ホテルは海沿いに広々とした砂浜に面して建っており、ビーチスポーツがいろいろと楽しめるようであるが、パラソルの下でのんびりと本を読んでいる人が多い。客室棟はプールを囲むように建っており、スパ施設もあるいわゆるリゾートホテルである。ホテルで「ダーリン」という名の象を飼っているので、プールサイドからその背に揺られて海岸を散歩することもできた。ホイアン近くの海岸沿いには同じようなタイプのホテルが既にいくつか建っていたし建造中のものも何軒かあったので、ベトナムとしては、この一帯を世界遺産に登録されているホイアン、ミーソン（My Son）、フエ（Hue）の三か所を一度に楽しむことができるビーチリゾートとして、開発に相当力を入れているのであろう。

翌日はまずミーソン遺跡を訪れた。ミーソン遺跡はかつてこの地で栄えたというチャンパ王国の聖地である。遺跡は山に囲まれた土地にあるが、道路が整備される以前は近づくのもかなり大変な場所であったと思われる。遺跡に近づくにつれて人の横顔のように見える山の姿が見えてくるのも神聖な雰囲気がするものである。遺跡自体はヒンドゥー教の神であるシヴァ神をまつるための赤煉瓦の建造物が中心であり、建造物の中にはヒンドゥー教で信仰の対象となっているリンガ（男性器）やヨニ（女性器）の彫刻が飾られている。遺跡自体の規模は古い時代のものなのでそれほど大きなものではないが、ミーソン遺跡は聖地の雰囲気を感じさせる貴重な遺跡であり、一度は訪れる価値があるであろう。ベトナム戦争時におけるアメリカ軍による爆撃によって遺跡の一部が破壊されてしまっていることが痛々しく、平和の貴重さを感じさせてくれた。

昼食はフォーホイ2（Pho Hoi 2）というレストランでホイアンの名物料理を堪能した。ホイアンの名物料理というと、ホワイトローズ（Banh Bao Vac）という米の粉で作った薄い皮でエビのすり身を包んで蒸したもの、揚げワンタン（Hoanh Thanh Chien）、カオ・ラウ（Cao Lau）という汁の少ない米から作った太い麺の三つである。カオ・ラウは伊勢うどんに見た目がよく似ており、安南との貿易を営んでいた伊勢商人が伝えたという真偽のよく分からない話があるのも頷ける。いずれの料理もものすごくおいしいというほどのものではないが、ホイアンを訪れたら一度は食べてみるべきものであろう。

ミーソン遺跡

昼食後は、ホイアンの古い街並みを見物した。来遠橋（Chua Cau）、フーンフンの家（Nha Co Phung Hung）、貿易陶磁博物館（Bao Tang Gom–Su Mau Dic O Hoi An）などを見て回ったが、いずれも古い建物がよく保存されており、ホイアンがかつて貿易

来遠橋（別名　日本橋）

で相当に栄えた町であったことがよく分かる。一番面白かったのは福建会館（Hoi Quan Phuc Kien）という福建省出身の華僑の集会所である。一か月は燃え続けるという螺旋状の線香があったので、天井から一つ吊し家族の健康などを祈願した。ホイアンの町からはトゥボン川を船でクルーズして戻ることができた。

前述したようにホイアンからはフエまで日帰りすることも可能であるから、ホイアンを起点に世界遺産を楽しむ旅というのも面白いかもしれないし、その場合にはダナンのビーチリゾートに宿泊するという手もないではない。一週間くらいの休みであれば何ら退屈することなく過ごすことができるのが中部の観光地の魅力であろう。

私たちは二泊三日の予定であったので、翌日ダナンに戻り、ダナンにあるチャム博物館（Bao Tang Cham）を見物してからハノイに戻った。チャム博物館はチャンパ王国の遺跡から出土した彫刻を集めた博物館である。窓のはまっていない風通しのよい建物になっており、展示品も揃っているから、大都市の割に見るところの少ないダナンでは訪れるべき場所といえるだろう。ダナンとホイアンとの間にある五行山では大理石が採れるそうで、道路沿いでは多くの大理石彫刻を売っていた。また、ダナンの近くのミーケービーチ（Bai Tam My Khe）には新鮮な魚貝類を使ったレストランが何軒もあり、浜辺の雰囲気も良く料理も非常においしかったが、休日などは相当の賑わいを見せるという話であった。

(2)　ベトナム最後の王朝である阮朝の都が置かれたフエ（Hue）には二度訪れたことがある。日本でいえば京都のようなところであるから、観光するところには事欠かない町であるが、最初は二〇〇四年一一月に一泊二日の日程で妻と訪れた。

早朝にハノイを発つ飛行機でフエの空港に着くとガイドが迎えに来ており、早速フエ市の郊外にある歴代皇帝をまつってある帝廟などを巡るツアーに出かけることとなった。

まず車でトゥドゥック帝廟（Lang Tu Duc）、カイディン帝廟（Lang Khai Dinh）、ミンマン帝廟（Lang Minh Mang）を回り、そこからは小舟に乗って昼食を取った後フォーン川（Song Huong）を下り、川沿いにあるホンチェン殿（Dien Hon Chen）、ティエンムー寺（Chua Thien Mu）を訪れた。帝廟はそれぞれの皇帝の趣味を反映してか、皆非常に個性的であり、じっくりと見て回りたい。トゥドゥック帝廟は、広々とした別荘風の造りであり、池の畔に作られた離れの形が非常に美しい。カイディン帝廟は、ヨーロッパ風であり、壁や天井といった内装に磁器やガラス片でモザイク模様が施してある建物が非常に豪華である。ミンマン帝廟は、広大で威厳がある造りであり、落ち着いた雰囲気である。ホンチェン殿はフォーン川から少し丘を登ったところにある小さな寺である。以前はチャム族の寺であったそうで、高台から見えるフォーン川の景色が美しい。ティエンムー寺にはフエのシンボルにもなっている八角形の背の高い塔があるが、私が訪れた二〇〇四年一一月ころは修復作業中ということで、周囲に足場が組まれていた。寺の中庭には、かつてベトナム戦争に反対して僧侶が焼身自殺をしたときにその僧侶が乗っていた車が展示してある。

フエでの宿泊はサイゴン・モリーン・ホテルという少しコロニアルな雰囲気のあるホテルであった。夕食は折角フエまで来たのであるからいわゆる宮廷料理を食べてみようということになり、近くのフォーンザンホテルで宮廷音楽を奏でてもらいながら宮廷料理を食べることにした。わざわざ皇帝や皇后の服装に着替えて食事をしたが、宮廷音楽は良かったものの、宮廷料理の方は見た目の美しさだけでおいしいというものではなかった。普通に食事をした後、フォーン川に浮かんだ船に乗って宮廷音楽を聴くということもできるそうなので、そちらの方がおすすめかもしれない。

翌日は王宮を訪ねた。中国の故宮を小振りにした雰囲気であり、かなり広い。「午門（Ngo Mon）」と呼ばれる王宮の門をくぐって中に入ると正面に太和殿（Thai Hoa Dien）がある。太和殿には皇帝の座る椅子などが置かれており、ここで皇帝の即位式などが行われたそうである。太和殿の裏には建物が破壊された跡と思われる広い荒れ地が広がっているが、その脇には皇帝の母親のために建てられたという長生殿（Dien Tho）や顕臨閣（Hien Lam Cac）という寺が建っている。顕臨閣の前に九つの大きな青銅でできた鼎が置かれているのが非常に印象的であった。王宮観光の最後には午門に上ることができ、そこでゆっくりと在りし日の王宮の姿に思いをはせることもできる。王宮の横にはフエ宮廷美術博物館（Bao Tang My Thuat Cung Dinh Hue）があり、宮廷で使われた家具など様々な物が展示されているので、王宮と併せて見物するのがおすすめである。

(3)　二度目にフエを訪れたのは、二〇〇五年四月にダナンとフエとにフィールド・サーベイのために出張したときである。このときは秘書のハーさんと二人で出張し、先に現地で調査を始めていた司法省の一行に合流した。

早朝便でダナンに着いたため、宿泊先のサイゴントゥレーンホテルにチェックインした後、午後の合流の前にチャム博物館とダナン博物館（Bao Tang Da Nang）とを見物した。チャム博物館は拡張されており、さらに展示物が増えていて充実していた。ダナン博物館は小さな博物館であり、中部地方の少数民族の生活道具や楽器等が展示されていた。

フエの王宮

ダナン名物のミー・クァンというピーナッツの乗った麺を食べた後、司法省の一行に合流し、ダナン市内の人民委員会の天然資源・環境部や都市計画部、公証人事務所などを訪れて、土地法施行後における土地使用権付与や証書発行の実態調査を行った。翌日は同様にダナン市郊外の人民委員会や地方人民裁判所、公証人事務所、ベトコン・バンクなどで調査を行った後、フエへと車で移動した。

ダナンからフエまでの間にあるハイ・ヴァン峠（Deo Hai Van）を境に気候も人柄もガラリと異なることから、この峠は観光名所になっている。峠の山頂付近には一九世紀に作られたという砦の跡が残っており、そこから眺める海などの景色は非常に美しい。交通の難所として有名であり、夜間の通行はかなり危険であるといわれている。夕方走行したが、道路のあちらこちらに落石が落ちており、バイクが主流のベトナムで夜間この峠を走行することは危険すぎるであろうと実感した。この峠も二〇〇五年六月に日本の援助によりハイ・ヴァントンネルが開通したことで利用が減るのであろうが、有料のトンネルを嫌って峠越えをする人は相当多いと思うので、道路管理が悪くなってさらに事故が増えるというようなことがなければいいがと思っている。ハイ・ヴァン峠からフエへと向から海岸沿いのランコー村にはかなり立派なリゾートホテルが建築されつつあった。ホイアン、ミーソン、フエという三つの世界遺産を訪れることができるリゾートということでホイアン地区同様に開発が行われるのであろう。

フエでの宿泊はセンチュリーリバーサイドホテルというところであり、翌日、翌々日はフエ市内とフエ郊外の人民委員会や市人民裁判所、金融機関などで調査を行った。フエでは九月から一〇月の雨期には頻繁に台風に襲われるため床上浸水などの被害が出ることが多い。そのため違法であることを承知の上で二階建ての建物を造る例が多いと聞き、その違法建築現場の調査も行った。冠水するくらいなら罰金を払って建築した方がいいと平気で質問に答える建物所有者に、ベトナムの今後の土地規制のあり方の難しさを感じた。

昼食には、フエ名物のバイン・ベオという干しエビを乗せた米の薄い生地を蒸した点心や、ブン・ボー・フエというやや辛めのスープが特徴のブン（米の麺）を食べたりして過ごした。いずれもファーストフードであるため昼休みをもてあまし、王宮を再度訪れてみたがやはり素晴らしかった。

5　南　部

(1)　やはりハノイから南部は遠く、派遣期間中南部を訪れたのは、二〇〇五年四月に二泊三日で妻と訪れたニャチャン（Nha Trang）だけであった。

ニャチャンはベトナムでも有数のリゾート地の一つであり、ベトナム人の新婚旅行先の人気をダラット（Da Lat）と分け合っているそうである。秘書のトゥイさんはニャチャンとダラットの両方を新婚旅行先にしていた。

前述（第3章第2節5）のようにニャチャンへの到着がホーチミン経由になったことで遅れたことから、ニャチャンの空港に着くとまず宿泊先のアナ・マンダラ・リゾート・ホテルにチェックインを済ませ、それから市内観光に出ることにした。

ニャチャンはビーチリゾートとして有名であるが、ホン・チョン岬（Mui Dat Hon Chong）、ポー・ナガル塔（Thap Po Nagar）、隆山寺（Chua Long Son）など陸上の見所も多い。ホン・チョン岬では展望台から美しい海を眺められるほか、巨人の手形のような跡がある巨岩などが転がっていたりする。ポー・ナガル塔はチャンパ王国の寺院の遺跡であり、シヴァ神の像や女神ポー・ナガルの像を見ることができる。隆山寺は地元の仏教徒の信仰を集める大きな寺院である。トゥイさんの話では、他にも泥風呂に入ることができるタップ・バー・ホットスプリングセンターといった面白い施設もあるとのことであったが、飛行機での移動に苦労したこともあり行くことができなかったのは残念であった。

アナ・マンダラ・リゾート・ホテルは、美しい砂浜のビーチ沿いに建つすべてヴィラ形式のリゾートホテルであり、スパ施設なども充実している。料理の値段は高いが、町中に出かけるのは億劫という人なら満足できる内容ではないかと思う。

ニャチャンの一番の魅力はやはり珊瑚礁の海である。緑色をしているハロン湾などとは異なり、ニャチャンの海はかなり深いところであっても底が透けて見えるほど澄んでいる。ニャチャンでは、沖に点在するいくつかの島をボートで回り、島に立ち寄って観光や食事をしたり、珊瑚礁のあるところでシュノーケリングをしたりするボートトリップが最も有名なので、二日目はこの一日島巡りツアーに参加した。途中立ち寄る島には少し怪しげな形をした水族館があったりしてなかなか面白かったたし、やはり珊瑚礁の海でのシュノーケリングは非常に心地よいものであった。いつも太陽が降り注いでいる感じの南部は北部から来るといかにも開放的でリフレッシュできる感じがするものである。立ち寄った島で取ったシーフード料理の昼食も結構おいしいものであった。夕方はニャチャン川をのんびりさかのぼるサンセットクルーズを楽しんだ。

日焼けをするのをものすごくいやがるハノイの女性達がなぜ新婚旅行ではビーチリゾートのニャチャンに行きたがるのかが少し分かったような気がする旅行であった。

(2)　ダラットには、帰国後の二〇〇五年八月に夏期休暇を利用して二泊三日の日程で妻と訪れた。ホーチミンからダラットの空港に着くとガイドが迎えに来ており、まず宿泊先であるソフィテル・ダラット・パレス・ホテルにチェックインしてから、市内観光に出かけた。

ダラットはフランスの植民地時代に開発された高原リゾートであり、一年中花があふれていることから、花の町と呼ばれている。高原で涼しくゴルフができることから、ゴルフを目的にこの地を訪れるベトナム在住の日本人は相当多いと聞いている。

昼食後にまず訪れたのはラム・ドン博物館（Bao Tang Lam Don）であり、この地方の少数民族の生活様式などを知ることができた。それからゴンドラを利用してチュック・ラム寺院を訪ねた後、プレン滝へと向かった。ダラット周辺にはそれほど大きくない滝がいくつもあり、それらの周りは整備されて公園となっているようである。プレン滝では滝の裏側を通り抜けられるようになっていたり、川に吊り橋が渡してありそれを渡れるようになったりしていた。また、付近に住む少数民族の衣装を着ての記念写真というのも人気のようであった。その後クレイジーハウスと呼ばれる奇妙な形をしたゲストハウスに立ち寄り、ダラットの中心にあるスアンフーン湖（Ho Xuan Huong）へと戻った。スアンフーン湖畔には馬車が走っており、のんびりと夕方の湖畔を馬車の心地よい揺れにまかせてホテルに戻ることにしたが、ホテルから見るスアンフーン湖の景色は非常にきれいであり、高原に吹く涼しい風が非常に気持ちよかった。

ニャチャンビーチ

翌朝は、ベトナム一美しいといわれるダラット駅（Ga Da Lat）から霊福寺（Chua Linh Phuoc）まで、今は観光用として走っている列車に乗って行ってみた。列車の速度は非常に遅く、駅まで送ってくれたガイドと車は悠々先回りして霊福寺で待っていられたとのことだった。霊福寺では折から地元のお祭りが開かれており露店がいくつか出ていたのでバインセオ（ベトナムのお好み焼き）をつまむなどした後、ダッタンラ滝（Thac Datanla）とバオダイ皇帝の別荘（Dinh Bao Dai）、XQシルク本社の隣にあるXQ歴史村（XQ Su Quan）を見物した。ダッタンラ滝は駐車場から滝まで降りていかなければならず、帰りの登り道がきつかったが、プレン滝より規模が大きくなかなか美しい滝であったし、バオダイ皇帝の別荘は外観は質素なのに内装は非常に立派で見応えがあった。XQシルク（http://www.xqhandembroidery.com/）はベトナムを代表するシルク刺繍のメーカーであり、ハノイ、フエ、ホーチミン、ニャチャンなどにも支店があるが、ダラットが本店であり、店の脇に博物館のような施設（XQ歴史村）を作っていて、一回りするとXQシルクの概要が分かるようになっている。ベトナムの刺繍の中では最も品質がいいと思われ、私自身も日本へのおみやげなどにハノイやフエ、ダラットなどで数枚購入し、日本まで送付してもらっている。

昼食をトゥイさんから教えてもらったバインセオという地元の店で食べた後、ダラット市場（Cho Da Lat）、ダラット大教会（Nha Tho Da Lat）を見学し、フラワーパークで花を見ると、ダラットで最も有名な愛の谷へと向かった。愛の谷は、ダティエン湖（Ho Da Thien）という人造湖とその周辺の公園のことを意味しており、静かな湖がどことなくロマンチックに感じられるのでそのように呼ばれているらしい。愛の谷は結構広いので、馬に乗って回るのがおすすめである。もちろん自己責任でということになるが、海外では日本国内ほどうるさくいわれず、割合すぐに一人で勝手に馬に乗ることができるので、機会があれば乗馬をするようにしているが、ここの馬はよくしつけられているようで非常に安心して乗ることができた。愛の谷の後、ダラットの仏教信仰の中心になっている霊山寺（Chua Linh Son）を訪ね、ダラットへの旅行は終わった。

(3)　カントー（Can Tho）、チャウドック（Chau Doc）といったメコンデルタの町にはやはり派遣後の二〇〇六年一月に年末年始を利用して妻と訪れた。

カントーはホーチミンから車で約四時間のところにあるメコンデルタ最大の町である。宿泊先のカントー市内には小説「愛人・ラマン」の舞台となった古い民家や、カントー市場（Cho Can Tho）、廣肇会館などの観光場所もあるので、カントーに到着後、宿泊先のヴィクトリア・カントー・ホテルにチェックインを済ませると、それらを見物して回った。

しかし、カントーの最大の魅力は何といっても南部最大の水上マーケットである。水上マーケットは早朝開かれるので、到着当日は早く寝ることにして翌日午前六時三〇分発の乗船に備えることにした。ヴィクトリア・ホテルが運営するレディ・ハウ号は午前六時三〇分に出港すると、船上で朝食を取ることができるようになっている。朝食は卵、パンなどのコンチネンタルブレックファーストだけでなくフォーなどベトナム風の朝食

ダラット駅

を取ることも可能であり、なかなか快適である。食事をしているうちに目的地であるカイラン（Cai Rang）に着くと、小舟に乗り替えて水上マーケットを間近に見ることができる。旗竿にニンジン、芋など自分の船で売っている物をぶら下げている小舟同士が物々交換で商品をさばいているのは活気があり非常に面白い。水上マーケットの見物が終わると、ライスペーパーを作っている工房や果樹園を見学して約半日の観光が終わり、チャウドックに移動した。

チャウドックは、カンボジアの国境に近い町である。翌日カンボジアのプノンペンに早朝出発するという窮屈な予定を立てていたので、宿泊先のヴィクトリア・チャウドック・ホテルにチェックインすると、さっそく町の観光に出かけた。シクロとは反対に運転手の後ろに客席が付いている自転車であるセー・ロイ（Xe Loi）という乗り物に乗って町を一周したが、チャウドック市場などには結構人が集まってはいたものの、さすがにベトナムのはずれまで来ているという雰囲気であった。

(4)　クチ（Cu Chi）とミトー（My Tho）へは、派遣の五年前になる一九九九年にカンボジアのアンコールワットを訪れた帰りにホーチミンに二泊した際、日帰りのツアーを利用して妻と訪れたことがある。クチは、いうまでもなくベトナム戦争の際にベトナム解放勢力がゲリラ戦のために掘った手掘りのトンネルが残っているところである。トンネルに入ることができ、トンネルの中に作られた司令部や会議室などを見学することができる。

子供のころに抱いていたベトナムのイメージというと、アメリカと戦争をしていた国というものであったから、ゲリラ戦というのはどういうものなのかを知ってみたくてクチを訪れてみたが、思っていた以上にトンネルは狭く途中で動けなくなるのではないかという気がしてしまうほどだったこともあり、二度と行きたいとは思わなくなった。それくらい戦争というのは過酷なものなのであろうから、一度は見ておいた方がいいのかもしれないが、大きな体でゲリラを追って狭いトンネルに入ってしまったり、ゲリラの仕掛けた落とし穴（しかも中には落ちた人に刺さるよう尖った金属などが仕掛けてある。）などにはまってしまったりしたアメリカの軍人のことを考えると何ともやりきれない想いがしたものである。

昼食に川沿いのレストランで食べたメコンデルタ名物の象耳魚の唐揚げ（Ca Thai Tuong）は、野菜と一緒にライスペーパーでくるんで食べるとなかなかおいしかった。

ミトーでは、手こぎの小舟に乗ってメコンデルタをクルーズした。細く入り組んだ川をのんびりと小舟が進むのは非常に心地よかった。途中島に上陸してヤシ教団の寺（Dao Dua）を見学したり、果樹園に立ち寄って果物を食べたりしたが、ゆったりとした時間を過ごすならミトーはおすすめの観光地であろう。

(5)　このようにいろいろなところに出かけた話を書いていて、ホーチミン市には何度も訪れてはいるものの、宿泊したサイゴン・プリンス、ソフィテル・プラザ・サイゴン、シェラトン・サイゴンといったホテルのことしか記憶していないことに気が付いた。ホーチミン市内で歩いたことがあるのは最初に訪れたときに宿泊したサイゴン・プリンスに近いドンコイ（Dong Khoi）通りの一部だけである。サイゴン大教会（Nha Tho Duc Ba）も車の窓から見たことがある程度であり、有名なチョロン（Cho Lon）にもベンタイン市場（Cho Ben Thanh）にもまだ行ったことがない。

ハノイに住んでいるとタイのバンコクあたりの方がずっと近く感じ、買い物というとホーチミンに行くよりはバンコクに出かけてしまっていたせいかもしれないが、いつかはホーチミン市についても詳しく知ってみたいと思っている。

また、ベトナムには、ヌォックマム製造で有名なフーコック島（Dao Phu Quoc）、ビーチリゾートのファンティエット（Phan Thiet）やブンタウ（Vung Tau）、ベトナムで五番目の世界遺産に登録されたフォンニャ・ケバン（Phong Nha Ke Bang）など、まだ私が行ったことのない有名な観光地がたくさんあるし、今も開発中である。どこの町に行ってもいつも微笑みがあふれている国であるベトナムが、今海外旅行先として人気があるのも実に頷ける気がする。

6　近隣諸国

(1)　派遣期間中の二〇〇四年一〇月に、後述（第4章第1節5）の第四回国際民商事法研修で一緒に研修を受けたカンボジアの友人のシナ（Sina Chhan）さんに誘われて、カンボジアの首都プノンペンを訪れたことがある。

プノンペンには一九九九年の夏にアンコールワットを訪れた際に帰りに二泊したことがあったので、その後のプノンペンの変化を見てみたいと思っていたところ、ベトナムに派遣されることを連絡してあったシナさんから自宅に遊びに来ないかと誘われたのをきっかけに、プノンペンを訪ねることにしたのである。

プノンペンには、ハノイからラオスのビエンチャン経由のベトナム航空を利用した。ラオスにはまだビエンチャンの空港にしか行ったことがないわけであるが、これからラオスに対する法整備支援もだんだん拡充されてくるであろうと思われるし、今後に期待できそうな国である。プノンペンの空港に着くと、訪れていなかった五年間の間に新しい空港ビルが建てられたようで、あまりに立派な空港になっていることに驚いた。

シナさんとは何度も到着の日時や便名を電子メールでやりとりをしていて、空港まで迎えに来てくれるという話であったので、当然彼がそこにいるものと思って空港ビルから外に出ると、知っている姿はなかった。開発途上国の時間の感覚はこういうものだろうと思ってしばらく待っていたが一向に現れる気配がない。あきらめて彼の携帯電話に電話をかけてみると、何と「今は約二五〇キロ離れたシハヌークビルにいる。」と言うではないか。「明日来るとばかり思っていた。」と言っている。「さて困った。これから当日の宿を探すにはどうしたらいいものか」と思っていると、彼が友人を迎えにやり自分の家まで送らせるから待っていろと言うので、そのまま待つことにした。三〇分も待っていると、どうやらその友人らしい女性が車を止めてなにやら話しかけてくるのだが、クメール語でありよく理解できないし、英語は話せないようである。はたしてこの車で間違いないのだろうかと一抹の不安を感じながら車に乗ると、シナさんの家まで送ってくれた。以前に比べて空港周辺の治安はいいようで、国によっては空港ビルから外に出るといきなりたくさんの客引きに囲まれたり、荷物を勝手に運び始めたりする人がいたりするものだが、今のカンボジアではそういうことはなかった。それにしても、あんなに連絡を取り合っていたのに、やはり出発の直前に再度念を押して確認するべきだったかと、派遣前研修の異文化理解の講座で習ったことを思い出した。

シナさんの家に着いたものの、そのまま彼の友人は帰ってしまい、もちろんシナさんの両親も英語は話せないので、若干途方に暮れ、再度携帯電話でシナさんに電話をかけたところ「もうプノンペンに向かっている。これから母に昼食を作らせるから、それを食べたら昼寝でもしていてくれ。」と言う。もう他に何ともするすべもないので、シナさんの母親が作る昼食を食べ、案内されるまま与えられた部屋で横になっていると、夕方になってようやくシナさんが帰宅し、久しぶりの再会となった。シナさんの自宅は五階建てでベッドルームが一〇部屋もある立派なもので、将来はビルを建てたいという土地を他にも所有しているとのことであった。元々は田舎の出身であり、いずれの不動産もシナさんが商業省の役人をする傍ら行っているコンサルタントの仕事などで得た収入で取得した物で、転売による利益が相当にあったということであるから、不動産市況についてはかなりバブル状況にあるのであろう。中華系カンボジア人である彼の話によれば、中華系カンボジア人は、中国語による小学校教育などを行っているようであり、クメール語を読めない子供もいるとのことであった。かろうじて国の安定を保っていると見えないでもないカンボジアの状況からすると、国の統一や安定に若干の不安材料になりかねないとも思われた。

その後は、シナさんの運転するトヨタ車に乗り、連れだってプノンペン市中心部の繁華街やトンレサップ川沿いなどを散歩し夕食をとった。五年前に観光で訪れたプノンペンと比べると、ハノイにはないほど大規模のデパートができて物に不自由するようなことはなくなっているようであるし、以前訪れたトンレサップ川沿いのシーフードレストランの周辺には同様のレストランがいくつも立ち並んでいるなど、それなりに豊かな国になってきたように思われないでもなかった。しかし、プノンペン市内の一部でもであるが、市内から少し出ると、とてもバイクなどを所有することは難しいであろうと見える家族が多く暮らしており、それがベトナムに比較した場合に車の数は多いもののバイクは少ないというプノンペンの交通事情につながっているのかもしれないと感じられた。あいかわらず身体障害者や子供達の物乞いの数も多い。夜などには幾分治安の悪い場所もあるそうであり、ハノイより若干生活はしにくいのであろう。

翌日は、ちょうど間もなく新しい国王の即位式があるとのことであったので、その準備に忙しい王宮をシナさんと二人で観光した。以前と変わらず見事な建物であり、既に即位式のために金色に輝く椅子が並べられ、別の部署では出席する予定の王族などの衣装の準備などが行われている最中であった。今後もカンボジアに平和が続くことを祈らずにはいられない。

シナさんの自宅には帰国後の二〇〇六年一月にも妻と訪ねたことがある。このときはベトナムから前述（第2節6）のスピードボートでカンボジアに入国した。さすがに前回の旅行で懲りており、直前に何度も訪れる日を確認していたので、待ち合わせなども非常にスムーズであった。ラオスやミャンマーなどに住む国際民商事法研修の研修員達とも何とか再会したいと思っている。

(2)　医療の分野でシンガポールやタイなど東南アジアの国が非常に進んでいるという話を聞いていた

こともあり、派遣期間中の二〇〇四年一二月に、タイのバンコクに病院の見学のため妻と訪れたことがある。

実情調査に訪れたのはバンコクにあるバムルンラード病院（http://www.bumrungrad.com/）というところである。総合病院で最新の医療設備が揃っている上、アメリカや日本から多くの医師、看護師などが来ていて、最高の医療水準にあるという説明であった。医療設備以外にも、病院の中にタイ料理、日本料理などのレストラン数軒、ファーストフード店などがあるほか、ちょっとしたショッピングセンターなどもある。病室も日本のものとは格段に違う広さ、きれいさで快適そうである。通訳などの補助スタッフも揃っており、英語はもちろん日本語、中国語など複数の言語に対応できるから、生活に困ることはない。サービス・アパートメントを併設しており、町の中心部にあるから、家族などが病院から外出して楽しむことも容易である。

保険制度で支払われている部分も考慮すると日本で一人当たりの患者にかかっている医療費は相当に多額であり、それと比較すると、保険制度の違いから確かに患者個人がいったん支払わなければならない金額は大きいものの、一人当たりの医療費自体にはそれほどの違いがあるようには思われなかった。仮に十分なお金があったとしても、最高の医療を受けたいと思ってもなかなか受けることができない日本と比べて、どちらが良い医療なのか考えさせられた見学であった。少なくともタイの病院で快適に滞在しながら人間ドックを受けたりしている日本人が最近多いという話は本当であろうと感じた。

バンコクを訪れた際、かねてから行ってみたいと思っていたピマイ遺跡を訪ねてみた。ピマイ遺跡は、バンコクから約三〇〇キロ離れたカンボジアとの国境近くにある。カンボジアのアンコールワットなどと同じクメールの遺跡であり、建造されたのもほぼ同じころであることもあって、なかなか見応えのあるすばらしい遺跡であった。かなり遠い距離ではあるが、道路が整備されているので日帰りのツアーも可能である。

第4章　裁判官と法整備支援

本章では、裁判官がどのような形で法整備支援に関わっているか、あるいは今後関わっていくべきかということについて、考えを述べることにしたい。もちろん、裁判所の公式見解を述べる立場にはないので、あくまでも個人的な考えであり、長期専門家としての経験を通じて得た個人の見解である。

第1節　裁判官の法整備支援への関わり

1　長期専門家

長期専門家というのは、ＪＩＣＡ（独立行政法人国際協力機構）の場合、「機構が条約その他の国際約束に基づく技術協力のため開発途上にある海外の地域等に派遣する者であって、派遣期間が一年以上である者」のことである。

裁判官から長期専門家として開発途上国に派遣されたのはこれまでに四人であり、派遣対象国はベトナムのみである。判事に任官してから派遣されたのは私が初めてである。長期専門家として派遣された裁判官がどのような業務を行っているかは第1章、第2章で詳しく述べた。

2　短期専門家

短期専門家というのは、JICAの場合、「機構が条約その他の国際約束に基づく技術協力のため開発途上にある海外の地域等に派遣する者であって、派遣期間が一年に満たない者」のことである。

裁判官から短期専門家として開発途上国に派遣されたのは、別表記載のとおり、これまでに延べ人数で一六人に上っている。法整備支援がもっとも先行しているベトナムへの派遣が中心であり、当初は立法支援のためのセミナーに参加して実務における運用状況などについての講師を務めるために派遣されていたが、フェーズ3に入ってからは、サブ・プロジェクトBの法曹人材養成の現地セミナーに講師として派遣されている。立法された法律等が実務でどのように解釈され運用されているかについてはそれを担当している裁判官がもっともよく知っていることであるから、専門部などで現に事件を担当している裁判官が短期専門家としてセミナーの講師を務めることは非常に意味のあることであろう。また、フェーズ3のサブ・プロジェクトBでは、国内ワーキンググループのメンバーになっておられる方を中心に短期専門家として派遣してもらい（また、前述のように、逆に長期専門家が本邦研修に同行して、本邦研修の研修員と国内ワーキンググループとの意見交換に参加することもあった。）、長期専門家と国内ワーキンググループとの共働による支援がなされているが、非常に効果的であったのではないかと思われる。短期専門家が現地セミナーを行う場合には、それに前後して法廷傍聴を行ったり、カウンターパートの担当者やワーキンググループメンバーへのインタビュー調査を行ったりすることも多く、現地の実情についての国内ワーキンググループの理解を深めることにもなっていた。

民事の裁判官が長期専門家として派遣されている場合における刑事の裁判官の短期専門家としての派遣や、控訴審の経験のない裁判官が長期専門家として派遣されている場合における控訴審の経験のある裁判官の短期専門家としての派遣といったように、長期専門家の経験のないところを補う形で短期専門家が派遣されていけば、効率性の高い、かつ、非常に効果的な支援が行っていけるであろう。

カンボジアでは二〇〇六年から裁判官・検察官養成学校民事教育改善プロジェクトという法曹人材養成のプロジェクトが開始されているし、今後の我が国のODAはダムや橋、道路の建設といったいわゆるハコ物づくりへの協力から人づくりを中心とした協力により重点を置く方向になっていくと思われるから、ラオスやモンゴルなど各国の法整備支援で法曹養成が課題になってくれば、裁判官の短期専門家としての派遣も今後拡大される可能性が大きいのではないかと思われる。

（別表）　短期専門家派遣一覧表

派遣年度	派遣先国	派遣者	派遣目的	派遣期間
一九九七年	ベトナム	東京地裁判事	民事執行法セミナー	一週間
一九九九年	カンボジア	横浜地裁判事	民法起草関連セミナー	一週間
	インドネシア	東京地裁判事	経済制度セミナー	一週間
	ベトナム	東京地裁判事補	民事訴訟法セミナー	一週間

	ベトナム	東京地裁判事	倒産法セミナー	一週間
二〇〇〇年	ベトナム	東京地裁判事	倒産法セミナー	一〇日間
	ベトナム	行政局付判事補	知的財産権セミナー	一週間
	ベトナム	東京地裁判事補	知的財産権セミナー	一週間
	ベトナム	東京地裁判事補	民事執行法セミナー	一週間
二〇〇一年	ベトナム	東京地裁判事補	民事執行法セミナー	九日間
	ベトナム	民事局付判事補	国際司法共助セミナー	一週間
二〇〇二年	カンボジア	徳島地裁判事	民法起草関連セミナー	六日間
二〇〇三年	ベトナム	司法研修所教官	法曹養成セミナー	一週間
二〇〇四年	ベトナム	大阪地裁判事補	判例強化セミナー	一週間
二〇〇五年	ベトナム	大阪地裁判事補	判例強化セミナー	一週間
	ベトナム	司法研修所教官	法曹養成セミナー	一週間

3　本邦研修における講師

法務省法務総合研究所は、一九九四年以来年に数回の本邦研修を実施しているが、これには相当多数の裁判官が関わっている。例えば、フェーズ3のサブ・プロジェクトB－1の本邦研修（第一回）においても、証拠による事実認定とその訓練方法、事実認定と判決書、判決によらない事件処理などに関して、大阪地裁の裁判官による講義などが行われている。

また、前述したように、フェーズ3のサブ・プロジェクトB－1の国内ワーキンググループである法曹養成共同研究会に判事二名、サブ・プロジェクトＢ－２の国内ワーキンググループである判例共同研究会に判事補一名（他に法務総合研究所教官として判事補出身者が一名）がそれぞれ委員として参加しており、これらのサブ・プロジェクトにおける本邦研修の主たる目標はベトナム側ワーキンググループと国内ワーキンググループとの意見交換にあったから、これらの裁判官は、本邦研修で非常に重要な役割を果たしたということができる。

4　検事として出向

裁判官が検事として出向する制度は以前からあり、財務省、経済産業省、農林水産省など様々な省庁に裁判官が検事に転官して出向して仕事をしている。二〇〇四年からは法務省法務総合研究所国際協力部にも判事補が一名教官として出向している。

出向者は出向先の省庁で通常のスタッフとして勤務することになるから、国際協力部に出向した判事補は、短期専門家としてカンボジアやラオスに派遣されるなどしているし、ベトナム判決書・判例整備共同研究会の委員の一人にもなり、本邦研修の講師を務めるなどもしている。

同様に外務省への出向制度もあるが、欧州の大使館などで通常のスタッフとして勤務する裁判官の中には、その能力を生かし、社会主義体制が崩壊した後の東欧への法整備支援を担当する者もいたとのことであった。

5　裁判官研修

裁判官の研修の中で法整備支援に関係する研修というと国際民商事法研修がある。本書の冒頭に書いたように、私が法整備支援に関心を持つきっかけとなった研修である。第一回は一九九七年にベトナム、ミャンマー、モンゴルを対象国として、その後はベトナム、カンボジア、ラオス、ミャンマー、モンゴル、中国を対象国として行われ、二〇〇四年からはベトナム、カンボジア、ラオス、ミャンマーのインドシナ四か国を対象国として行われている。私が参加したのは二〇〇〇年二月に行われた第四回国際民商事法研修である。国際民商事法研修は、法務省法務総合研究所が財団法人国際民商事法センターの協力を得て行っている研修であり、対象国からの研修員と我が国の研修員（裁判官、検察官、法務省職員、企業関係者が派遣されている。）とが、特定のテーマについてそれぞれカントリーレポートという論文を提出し意見交換を行うという方法で行われるが、意見交換の合間に日本の司法制度の実情を対象国からの研修員に知ってもらうために、最高裁判所、司法研修所、検察庁、法務省、日本弁護士連合会、国会などの見学も行われる。期間は約四週間であり、その間研修員は我が国の研修員も含め皆ＪＩＣＡ大阪国際センターなどの施設で寝食を共にすることになり、論文提出、意見交換など研修員間の意思疎通はすべてお互いに外国語である英語で行われる。我が国の研修員が、休日を利用して対象国からの研修員に京都などを案内したりすることもあるため、研修員間のつながりは非常に親密になる。ベトナムから第四回国際民商事法研修に参加した研修員の二人は、私がベトナムに派遣されることを大変喜び、派遣後最初に懇親会に招待してくれたのはこの二人であったし、ベトナムに住んでいることを知ったカンボジアからの研修員はプノンペンの自宅に招待してくれた。また、彼らの話では、彼ら自身もミャンマーからの研修員などと連絡を取り合ったりしているようであった。

研修のテーマは、第一回は民事訴訟制度、法律関係者の養成、第二回は担保制度、裁判外の紛争処理制度、第三回は企業の経済活動に関する法制度の現状と問題点、法律関係者の役割とその養成、第四回は不動産の所有権態様の比較研究、法人格の態様の比較研究、第五回は物的担保制度に関する比較研究、会社制度（登記・登録制度を含む）の比較研究など、法整備支援活動で問題になってくる重要な事柄について、比較法的研究が行えるように設定されており、法整備支援活動の基礎を理解し、関心を強め、ネットワークを作るのに役立っている。刑事分野で法務省の国連アジア極東犯罪防止研修所（いわゆる「アジ研」）で研修を受けた者のネットワークが整備されているように、法務総合研究所や財団法人国際民商事法センターにより民事分野で国際民商事法研修を受けた者のネットワークが整備されるならば、将来のアジアの各国の連携にとって心強いことであると思う。

ベトナムに長期専門家として派遣された検察官はこの国際民商事法研修を受けた経験のある者が多いが、長期専門家として派遣された裁判官では私が初めての経験者であった。法整備支援の基礎知識を得、研修に参加している各国の実情を大まかに把握できるという意味で非常に有効な研修であり、長期専門家への派遣とリンクさせている法務省に裁判所も倣うべきであろう。

国際民商事法研修以外にも、大阪地裁では新任判事補への研修として法務総合研究所国際協力部の見学が行われている。見学の際にはＪＩＣＡネットを用いて現地に滞在する長期専門家から直接法整備支援活動の現場の状況を聞くという機会を持つということもあったそうである。私が現在勤務している千葉地裁では、まず司法修習生に対する社会修習として、法整備支援活動にも関わっているアジア経済研究所を訪問するという企画をしている。フェーズ3で長期専門家として派遣された佐々木弁護士は、アジア経済研究所の研修としてイギリスで開発法学の修士号を取得してから長期専門家になっており、法整備支援に関して深い知識を有していた。法科大学院制度が始まったこともあり、今後は裁判官に限らずそうした分野にも専門性のある法曹が多く生まれてくることであろう。

6 自己研鑽

裁判官の場合、民事訴訟法学会など様々な学会に加入するなどして自分の関心のある分野についての知見を広める自己研鑽をしている人が多い。私も、国際民商事法研修で知り合った名古屋大学の安田信之教授にお願いしてアジア法学会に加入しているが、学会から送られてくる情報の中には自分の関心に合致した興味深いものも少なくないし、年に何回か開かれる大会や研究会などに参加することは、普段取り組んでいる事件処理とは異なった知的刺激を与えてくれ、自らの関心をさらに強くすることができる。長期専門家の任期を終えて帰国した後には、ベトナムにおける法整備支援の現状について学会で発表をする機会を得ることができ、さらに交友関係に広がりがあったように思う。

学会等に所属しないまでも、自らの関心のある分野について研究を深め、論文を書いたり書物を出版したりしている裁判官も多い。司法制度改革を受けて現在は所長や長官との面接など自分の希望を述べる機会も多いし、裁判官の転勤や職務についての意向調査票に当たるいわゆる「第2カード」の判事補用の書式では、法整備支援に携わることについての希望の有無を記載する欄も設けられている。関心のある分野についての研究を深めることで、法整備支援活動に携わる可能性は増えるということができよう。

第2節　裁判官による法整備支援活動

1　裁判官が法整備支援活動に関わることの意味はどこにあるのであろうか。

まず、裁判官は民事に関する専門家であるということがある。ベトナムのような中央計画経済から市場経済への体制移行国における法整備支援活動では、市場経済化の要請に応えられる法制度を整備する必要がある。したがって、そこでは刑事事件に関する法制度の整備というよりはまず民事事件に関する法制度の整備が求められているのである。このことは、次期プロジェクトの目標が、市場経済化に適合した法制度の基盤構築から公正な社会を作るための「法の支配」の実現へと変わったとしても、変わることはないであろう。そして、法整備支援の対象となっている開発途上国では訴訟代理人である弁護士制度が未整備であるから、そのような条件の下でいかに透明性の高い民事訴訟を実現するかについては、未だ弁護士数が十分なレベルにまで達しているとはいえない我が国において、特に弁護士の数が非常に少ない地域でどのようにして透明性の高い民事訴訟を行っているかという我が国における経験が役に立つと考えられるのである。つまり、当事者双方あるいは片方に弁護士が付いていないいわゆる本人訴訟の事件について、裁判官がいかに中立の立場を守りながら適切に訴訟指揮を行って、主張を整理し証拠を提出させて事実を確定しているかという裁判官でなければ分からない技術こそが、開発途上国の裁判官に移転することが必要な技術なのである。したがって、法曹人材育成のプロジェクトで、透明性の高い訴訟手続を運営する技術を開発途上国に移転しようとする場合、どのように訴訟指揮などを行っているかを知っている唯一の実務家である裁判官がプロジェクトに関与することは必須である。この点、主として刑事事件を専門とする検察官はどうしても理念的に当事者主義を考えてしまい、当事者に任せておけば主張が適切に提出されるかのように、また、当事者から提出された証拠によって判断しさえすれば足りるかのように民事訴訟をとらえがちであるが、そのようなやり方で適切に釈明権を行使しなかった場合には、特に本人訴訟の場合などとめどなく争点が広がりあるいは当然提出されるべき証拠のないまま漫然と誤って結論を出してしまう結果となってしまうことは裁判官には明らかである。

もちろん、どのような形で関与するかには本節で述べるようにいろいろな方法があり、前述（第1章第3節）のように支援の方法にもいろいろあるのであって、長期専門家を一人派遣するには年間約二〇〇〇万円の経費がかかるといわれているから、それらをすべて考慮の上で最も効率が良く、かつ、効果の高い方法をＪＩＣＡ、法務省、最高裁などで検討して長期専門家の派遣の必要性を考慮することになろう。

個人的な経験からすれば、やはりできるだけ多くのワーキングセッションを相手側ワーキンググループとの間で持ち、ワーキンググループメンバーの誤解などに対しては直ちに指摘して意見交換をすることができる長期専門家による支援が、経費の面は別にして、最も有効なのではないかと思っている。ワーキンググループのメンバーとは、公式のワーキングセッション以外にも昼食や夕食を一緒に取ったり、自宅に伺ったりして非公式に意見交換をする場があり、そうした場で聞く相手側の本音の意見を考慮しながら長期専門家として公式の場で意見を述べることが、相当に効果的であったと思うからである。フェーズ3の終了時評価の際、国家司法学院と最高人民裁判所からは、日本からの長期専門家とりわけ裁判実務の経験を有する裁判官出身の長期専門家から学ぶところが大きかったとして感謝の意が表明されたとのことであり、長期専門家による支援の有効性を裏付けているのではないかと思う。

幸い高等裁判所で仕事を四年間した後に派遣されたこともあり、ベトナムでも控訴審の裁判官になるためには裁判官としてそれなりの経験を必要とするため、ベトナム側からも専門家として十分なキャリアのある裁判官として扱ってもらえた。特に金沢支部で携わった高速増殖炉もんじゅに関する内閣総理大臣がした原子炉設置許可を無効と判断した事件の話などをすると、内閣総理大臣の決定を無効としたという結論に、ベトナム側ワーキンググループのメンバーの方々は司法の独立、裁判官の独立などの価値を実感してくれたものである。オーストラリアのCEGプロジェクトでハノイに来られていた専門家の裁判官とは何度か話をする機会があったが、CEGプロジェクトでは専門家として派遣されるには少なくとも一五年の実務経験が必要であった。ドナーミーティングでは当時四四歳の私が平均より若い方であったし、他のドナーとの交渉のことなどを考えると、長期専門家として派遣されるのはやはり一五年程度の裁判官経験のある者の方がよいのではないかと思っている。もっとも、実際には、それくらいの経験のある裁判官の中で、開発途上国での勤務を希望する者は現在あまりいないのかもしれないが、希望する者がいればそういう人が派遣されるような体制ができていけばと思う。仮にそうした人の派遣が難しくても、長期専門家に裁判官を派遣するのであれば、本人訴訟の多い小規模の裁判所で勤務した経験のある裁判官の方が適任ということができるであろう。

2　次に、裁判官は事実認定の専門家であるということがある。もちろん、裁判官に限らず検察官も弁護士も法曹である以上証拠に基づく事実認定を常に心がけ行っていることは間違いのないことである。しかし、当事者双方から提出された証拠を比較検討して、最終的に中立の立場で判断して事実認定を行うのは裁判官なのであるから、裁判官がやはり判断者としてもっとも緻密に事実認定を検討しているのではないかと考えている。透明性の高い司法制度を実現するためには証拠による事実認定の過程が外部から見て分かることが重要であるが、その事実認定の技術やそれを表現する技術を伝えるには裁判官がもっとも適しているということができよう。長期専門家としての裁判官が行っているのはまさに技術移転なのである。

サブ・プロジェクトＢ－２のようにカウンターパートが裁判所となる支援の場合、支援する側もされる側もお互いにそうした専門家同士であるという関係が、支援される側にする側に対する信頼感をもたらしていたから、判決書の標準化のように裁判所がカウンターパートとなるプロジェクトには、裁判官が関わることが必須であろう。サブ・プロジェクトB－2のように重要な地位にある人がワーキンググループメンバーである場合にはなおさらである。

また、我が国で法曹養成教育の主要な部分を担っているのは最高裁判所が管轄している司法研修所であるから、法曹人材養成に関するプロジェクトを行うに当たっては司法研修所の関わりをなくすわけにはいかない。司法研修所との連絡調整を行うに当たっては、できれば長期専門家として裁判官が関与している方がよりスムーズに連絡調整が行え望ましいということはできるであろう。

3　さらに、裁判官は公務員であるということがある。ベトナムのような開発途上国の場合、弁護士制度は未だ十分に整備されているとはいいがたいから、裁判官や検察官などの公務員が大きな権限を持ち重要な役割を担っており、訴訟は相当に職権的である。そうした国は、今後当事者主義的になっていくとしても、当分の間は公務員である裁判官や検察官の果たす役割が非常に大きいということができる。同じ公務員の立場にある長期専門家がカウンターパートにもたらす親近感や信頼感は計り知れないものがあるのである。フェーズ3の場合のように法曹三者が一つのオフィスで仕事をしている姿を見て、開発途上国の裁判官や検察官は弁護士制度を整備し充実させる必要があることを実感しているのである。

また、実務家による法整備支援には、実務家としての経験によって身に付けた技術とその移転が必要であるが、長期専門家になるに当たってそれまでの業務を中断せざるを得ず、また帰国後に復帰できるかどうか不安定な弁護士の場合と異なり、裁判官の場合は、帰国後にも裁判官としての仕事が保障されている公務員として、無用な心配をすることなく安心して法整備支援活動に打ち込むことができる。法整備支援活動に関心のある裁判官であれば、実務と法整備支援活動とを交互に継続して行っていけるような制度になればと思う。

4　前節で述べたように裁判官が法整備支援に関わりを持つ機会は現在でも非常に多い。しかし、本節で検討した裁判官が法整備支援活動で果たす役割の意味を考え、二〇〇一年六月一二日に出された司法制度改革審議会意見書が「発展途上国が経済発展を遂げ、民主主義に基づく豊かで安定した社会を築き上げるには、経済社会活動の基礎となる法整備が不可欠である。我が国は、諸外国から近代的な法体系を受け継ぎつつ、国情に即した法制度及び運用を確立してきた経験を活かし、民商事法や刑事司法の分野において、アジア等の発展途上国の研修生の受入れ、専門家の派遣、現地セミナーの実施等による法整備支援を実施してきた。こうした支援への取組は、我が国が国際社会への一員としての主体的な役割を果たす上で重要であるとともに、経済社会のグローバル化が進む中で、円滑な民間経済活動の進展にも資するものである。このため、発展途上国に対する法整備支援については、政府として、あるいは、弁護士、弁護士会としても、適切な連携を図りつつ、引き続き積極的にこれを推進していくべきである。」と提言していることを考えると、この趣旨をふまえて裁判官が法整備支援に関わる機会はさらに増していくのではないかと期待している。また、法整備支援は、それに打ち込むに値するだけの価値があることは間違いのない分野であると確信している。

終章　おわりに

1　今回本書を出版しようと思ったのは、香川教授から送られた「ベトナムの労働・法と文化　ハノイ滞在記」（信山社）を読んだことが最大のきっかけである。自分がしてきた仕事や抱いた感想などを記録しておくことは、これから法整備支援活動に関わろうと考えている人や、法整備支援活動というのは具体的には何をしているのだろうと疑問に思っている人などに非常に役に立つのではないかと思ったのである。また、ハノイに滞在していて知り合った多くの人達は裁判官にはこれまであったこともないという人がほとんどであり、裁判官がハノイで何の仕事をしているのか、あるいはハノイやベトナムで見たり聞いたりするいろいろな事柄についてどのようなことを考えているのかについて非常に関心があるようであったし、そうであるならおそらくは、裁判官がハノイあるいはベトナムで何をし、どのようなことを考えてきたのかについて関心のある人はほかにも多いであろうと思ったのである。

確かにこれまで法整備支援活動に関わった長期専門家の書いた本というと武藤弁護士の書いた「ベトナム司法省駐在体験記」（信山社）しかなく、私もこれを読んだものの、既に出版から年月が経っているため、その後の変化をフォローする必要があるように思った。また、長期専門家としての活動を終えて帰国後も、オブザーバーとしてではあるが、幸いサブ・プロジェクトB－1の国内ワーキンググループであるベトナム法曹養成共同研究会の活動に関わることができ、フェーズ3の最初から最後までを知ることができる立場にあったから、我が国の法整備支援の分野で最も進んでいるベトナムでの最新の活動状況をまとめておくことは、これから法整備支援を研究しようと考えている人にとっても有益であろう。そのような想いから本書を出版することにしたわけである。これから裁判官やその他の法曹を目指そうという人達にとって有益な情報の一つになれば幸いである。

2　特定の個人や団体のため、あるいは単に収入を得るためだけではなく、多くの人々のために働きたいと考えて判事補に任官して以来一五年間、大きな裁判所の労働事件集中部や交通事件集中部で専門的知識を身に付けたり、小規模の裁判所で民事・刑事の合議事件の左陪席のほか執行事件、破産事件、少年事件、家事事件などのうち権限上担当することができる事件は何でも担当したり、あるいは高等裁判所で控訴事件を担当したりと、ほとんどあらゆる種類の事件（特に民事事件）を担当した。また、このように実務を担当しながら身に付ける知識・技術に加えて、任官後一年目、三年目、六年目、一〇年目に同期の裁判官と一緒に研修を受け、あるいは、前述の国際民商事法研修や情報処理研修を受けたり実務研究会に参加したりといった機会を通して、裁判官として必要な知識や技術を研鑽し、関心を広めるなどしてきた。そして今回長期専門家として、ぜひやってみたかった法整備支援の現場で仕事をすることができたわけである。

帰国に際し見送りに来たＭＯＪ担当者と共に

今回の法整備支援の現場での仕事では、これまでしてきた仕事あるいは受けてきた研修で身に付けた知識あるいは技術がすべて役に立った。それらについてどのようなもので、またどのように身に付けてきたかをベトナムの裁判官や国家司法学院の教官達に語り、それについての意見交換をすることは本当に面白い仕事であったといえる。彼らの関心は、そうした仕事の内容であったり、裁判所はどのような雰囲気で、そこでどのように仕事をしているかということであったり、日本の裁判官の受けている待遇であったりした。私はそういう彼らの疑問にできる限りわかりやすく答えたと思うが、その中で、日本の裁判官そして裁判所が、行政機関などがした決定などについて、他の国家機関などの影響を受けることなく独立して判断していること、またそれが可能なような組織であり、裁判官もそのような待遇を受けていることなどを話したとき、彼らもそういう独立した司法を持ちたいと真剣なまなざしで語ってくれたことが忘れられない。

裁判官という仕事は、司法修習生の時に研修所教官から聞いて想像していたとおり、自己を実現することができる素晴らしい仕事であると思う。最近は大規模の裁判所での勤務のみを希望し、小規模の裁判所での勤務をするくらいなら裁判官にはなりたくないという裁判官すらいると聞く。確かに裁判官である以上、いろいろな地方で、さまざまな仕事を命じられることはある。しかし、いろいろな規模の裁判所でいろいろな知識と技術を身に付けることは、法整備支援に限らず、それぞれの目標とするところの実現にとって何らかの形で有益なのではないかと思っている。

私が裁判官に任官することに決めたとき、司法研修所の民事裁判教官からは、裁判官になる以上「高い志と高い技術」を持つよう努力するように言われた。これまでもそのように努力してきたつもりであるし、今後もそのように努めていきたい。

参考文献等

三ヶ月章「司法評論　Ⅲ」（有斐閣）

山下輝年「法整備支援とアジア法学」

ＩＣＤ　ＮＥＷＳ（法務省法務総合研究所）第一号〜第二六号

法務省「法整備支援　—顔の見える国際協力—」

山下輝年「政府開発援助（ＯＤＡ）としての法整備支援に関する戦略」（法務省法務総合研究所）

ヴィエトナム重要政策中枢支援（法整備支援）終了時調査／フェーズ２事前調査団報告（国際協力事業団）

ヴィエトナム重要政策中枢支援（法整備支援）終了時評価調査現地調査実施表（フェーズ１、国際協力事業団）

ヴィエトナム重要政策中枢支援（法整備支援）終了時評価調査報告書（フェーズ１、国際協力事業団）

平成一二年度ヴィエトナム重要政策中枢支援（法整備支援）フェーズ２計画打ち合わせ等調査団報告書（国際協力事業団）

ヴィエトナム社会主義共和国重要政策中枢支援（法整備支援フェーズⅡ）終了時評価報告書（国際協力事業団）

ベトナム重要政策中枢支援「法整備支援プロジェクト」フェーズ3実施協議調査団調査結果概要（独立行政法人国際協力機構）

ベトナム法整備支援プロジェクト（フェーズ3）運営指導調査団現地調査報告（独立行政法人国際協力機構）

ベトナム法整備支援プロジェクト（フェーズ3）終了時評価調査団帰国報告会議事録（案）（JICA社会開発部社会制度・平和構築チーム）

ベトナム法整備支援プロジェクト（フェーズ3）終了時評価調査　調査概要報告（独立行政法人国際協力機構）

杉浦正樹「専門家業務完了報告書」（独立行政法人国際協力機構）

丸山毅「専門家業務完了報告書」（独立行政法人国際協力機構）

榊原信次「専門家業務完了報告書」（独立行政法人国際協力機構）

榊原信次「ベトナムにおける法整備支援の現状」（アジア法学会、名古屋大学法政国際教育協力研究センター）

田邉秀樹「開発援助の実務―JICA技術協力を中心に―」（名古屋大学アジア法整備支援研究会）

香川孝三「ベトナムの労働・法と文化　ハノイ滞在記」（信山社）

武藤司郎「ベトナム司法省駐在体験記」（信山社）

安田佳子「カンボジアにおける法制度整備支援の概要と現状」（名古屋大学アジア法整備支援研究会）

法務省法務総合研究所国際協力部「私たちのカンボジア法整備支援」（法曹六六六号、六六七号）

「長期派遣専門家の手引」（独立行政法人国際協力機構）
「地球の歩き方」（株式会社ダイヤモンド・ビッグ社）
伊藤忍「ベトナムめしの旅」（情報センター出版局）
月刊誌「ベトナムスケッチ（二〇〇四年二月号〜二〇〇六年六月号）」（エーペックスインターナショナル）

〈著者紹介〉

榊原　信次（さかきばら　しんじ）

1960年　名古屋市生まれ
1984年　早稲田大学政治経済学部卒業
1987年　第41期司法修習生
1989年　名古屋地方裁判所判事補任官
その後札幌地家裁室蘭支部，名古屋地家裁豊橋支部，名古屋地裁で勤務
1999年　名古屋地方裁判所判事任官
その後名古屋高裁金沢支部，名古屋高裁で勤務
2004年　JICA 長期専門家
現　在　千葉地方裁判所判事
アジア法学会会員
日本ローエイシア友好協会会員

ベトナム法整備支援体験記――ハノイで暮らした１年間

2006年（平成18年）９月21日　初版第１刷発行

著　者　榊　原　信　次
発行者　今　井　　　貴
　　　　渡　辺　左　近
発行所　信山社出版株式会社
〒113-0033　東京都文京区本郷6-2-9-102
電　話　03（3818）1019
FAX　03（3818）0344

Printed in Japan.

印刷・亜細亜印刷／製本・大三製本

ISBN4-7972-2469-X C3332